Eneagrama fácil
para gente de a pie

Incluye tests
y análisis de eneatipos y subtipos

Rafael Moriel

Rafael Moriel Escudero

Eneagrama fácil para gente de a pie

Lolalo Books

Número de páginas: 234 + portada y contraportada

Género: crecimiento personal

ISBN: 9781492179344

Año de publicación: agosto de 2013 / enero 2026

Blog del autor (Con los pies en el techo):
https://rafaelmoriel.blogspot.com

Web del autor:
https://rafaelmoriel.com

Correo electrónico de contacto con el autor:
estoyencasita@gmail.com

La información contenida en este libro puede ser ampliada a través del blog del autor.

Eneagrama fácil
para gente de a pie

Incluye tests
y análisis de eneatipos y subtipos

Rafael Moriel

Rafael Moriel Escudero (Vitoria Gasteiz, 1968):

Mi obra literaria abarca el relato, la poesía y la novela, a través de los libros «Relatos para la imaginación», «Accidente en la fábrica de chorizos», «Poemas del amor loco», «Poemas desde la contemplación», «Poemas de un puto viejo», «Cartas a mi amiga muerta», «Aceitunas, sexo y rock and roll» y «La demencia de mamá». También he publicado «Eneagrama fácil para gente de a pie», una obra de crecimiento personal.

En mi actividad diaria he trabajado como redactor técnico, profesor y técnico e ingeniero en la industria, siendo mi empleo como profesor en el que me he sentido más cómodo y gratificado.

Miembro jurado en certámenes literarios, he organizado decenas de recitales literarios, participando en algunos de ellos junto a otros escritores y artistas. Impulsor y fundador de «Ediciones La Botica», que editó los libros «Cinco Voces» y «Demasiada Realidad».

Miembro fundador y director de «La Botica, revista literaria» desde el año 2000 (www.rafaelmoriel.com), que tuvo una tirada semestral de 3.500 ejemplares durante doce años. Premiado en certámenes literarios, publiqué mis relatos en los libros compartidos «El más allá y otros relatos» (premio Ediciones Beta de Relato Corto), «Tene Lehiaketa 2000» (Editorial Elkarlanean, premio de Relato Corto) y «Cinco Voces», (ediciones La Botica).

«El autodescubrimiento no termina con la identificación de la personalidad básica o eneatipo, sino que supone el comienzo de un viaje interior que nos ayuda a comprender y mejorar nuestra comunicación».

Índice

1-Los Orígenes del Eneagrama

La palabra Eneagrama deriva del griego «ennea» (nueve) y «grammos» (figura).

El Eneagrama describe nueve personalidades básicas denominadas eneatipos, representadas a través de una figura geométrica circular con nueve puntas.

El origen del Eneagrama permanece envuelto en misterio, si bien es posible que tenga su origen en la mística sufí, una secta mística del islam cuyos inicios se remontan a los siglos X y XI. Al parecer, la mística sufí buscaba el acercamiento a la divinidad, lo que resultaba difícil bajo la influencia de ciertas pasiones malsanas. Otras teorías apuntan a que el Eneagrama pudo originarse en Babilonia, Aganistan o quizá algún otro lugar del Medio Oriente, hacia el año 2500 a. de C.

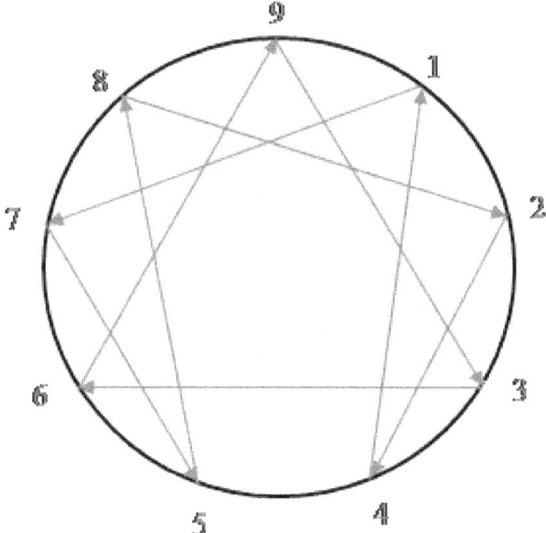

El Eneagrama es introducido en Occidente en la década de los 60, de la mano de Óscar Ichazo, con el objetivo de lograr un cambio profundo en el ser humano, propiciado a través del autoconocimiento. Anteriormente, el Eneagrama fue popularizado en Occidente por Georges I. Gurdjieff (1870-1949) y su discípulo Piotr D. Ouspensky.

rafaelmoriel.com

Gurdjieff estuvo fascinado desde joven con el conocimiento esotérico, lo que le empujó a viajar incansablemente hasta topar con la Hermandad de Samouni, fundada en Babilonia hacia el año 2500 a. de C., sintetizando así el conocimiento adquirido con otras tendencias, recopiladas a través de la lectura y la experiencia acumulada en sus viajes, dando origen al Eneagrama.

El psicólogo Óscar Ichazo ha contribuido notablemente al desarrollo del Eneagrama. Desde la década de los 40, cuando todavía era un adolescente, Ichazo participó en grupos esotéricos en busca de técnicas para alterar la conciencia: zen, sufismo, Kabbalah, yoga, budismo, confusionismo, incluyendo las enseñanzas de Gurdjief.

Ichazo introdujo la correlación de los nueve tipos de personalidad básica incluidos en el Eneagrama y poco después el psiquiatra y discípulo suyo Claudio Naranjo, desarrolló y publicó una extensa obra de análisis y desarrollo del Eneagrama.

Algunos psicólogos hablan ya del Eneagrama como un test de personalidad. Actualmente se utiliza en organizaciones de todo el mundo como Apple, HP, Boeing, etc., incluyendo el FBI y la CIA.

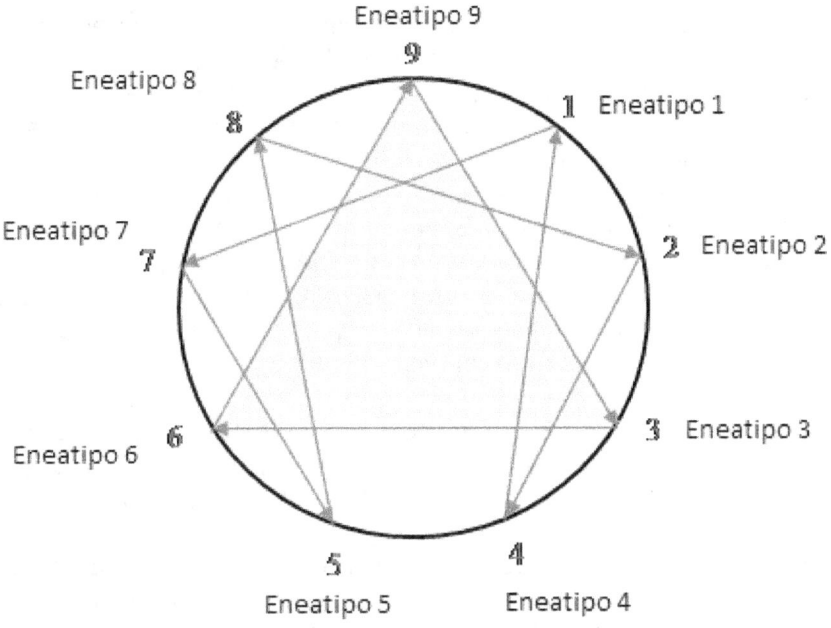

2-El Sentido del Eneagrama

Todos nacemos con una tendencia más o menos marcada hacia una personalidad concreta. Sobrevivir en sociedad supone adoptar ciertas actitudes que conforman rasgos o tendencias básicas pertenecientes a uno o más eneatipos, que conforman nuestra personalidad global. Cuando el carácter enferma, aparece la neurosis y la enfermedad.

El Eneagrama es como un reloj de nueve horas que ante una crisis detiene su aguja en una hora concreta, denotando con qué personalidad básica vamos a responder ante circunstancias adversas. A través de los test es posible conocer el mapa básico de nuestra personalidad y realizar una profunda introspección que dé paso a la consciencia de nosotros mismos y nuestro lugar en el mundo.

A nivel individual, el Eneagrama ayuda a desarrollar la auto consciencia y la aceptación de uno mismo, asumiendo finalmente la responsabilidad de nuestro comportamiento, reconociéndonos como fuente principal de los problemas y dificultades.

El trabajo con el Eneagrama comienza cuando aprendemos a reconocer nuestra personalidad básica, así como ciertas características dominantes de la misma. Desde niños, desarrollamos estrategias basadas en talentos y habilidades, que nos permiten sobrevivir y adaptarnos al mundo. Aunque todos presentamos características contenidas en los nueve tipos básicos de personalidad del Eneagrama, nuestras características determinantes se encuentran arraigadas mayormente en un eneatipo concreto, que agrupa las motivaciones y sensibilidades, así como el modo global con el que interpretan el mundo las personas que comparten un mismo tipo de personalidad básica.

Algunas personas son fácilmente reconocibles en un eneatipo concreto. Otras, por el contrario no son fáciles de encasillar, por lo que conviene reconocer el eneatipo más influyente y trabajar en él.

El propósito principal del mapa de personalidad obtenido a través del Eneagrama es situarnos en un lugar concreto y planear la mejor ruta para llegar a donde nos propongamos, lo cual va a influir en nuestra forma de relacionarnos, mejorando la comprensión de las circunstancias y los diferentes problemas que se nos presenten.

Las personas que no son conscientes del mapa de su personalidad son gobernadas a su antojo por tendencias que a veces ignoran. Sin embargo, conociendo nuestra personalidad básica es posible acceder directamente a nuestra forma de percibir, sentir y actuar, vislumbrando otras formas de responder.

Si podemos escoger cómo percibir y reaccionar ante una situación concreta, la personalidad ya no nos gobierna: nosotros la gobernamos.

La mejor lección que es posible aprender del eneagrama queda resumida en la siguiente frase:

¡Entiéndete a ti mismo y entenderás todo lo demás!

rafaelmoriel.com

3-Las Nueve Pasiones del Eneagrama

El Eneagrama es fundamentalmente un método de crecimiento personal y una importante ayuda para adquirir balance e integridad personal.

A través del descubrimiento de nuestro número de personalidad básica es posible iniciar un trabajo de crecimiento personal, con la idea de mejorar y superar nuestro lado más bajo a través de la auto observación, permitiendo reconocer los patrones de nuestra conducta, repetidos mecánicamente.

Cada personalidad básica se representa mediante un número, referido a su posición en la figura geométrica. Los nueve tipos de personalidad básica se encuentran relacionados con nueve pasiones que aglutinan modos de pensar y acciones de cada eneatipo.

El Eneagrama contempla nueve pasiones elementales, a partir de las cuales define nueve caracteres básicos o eneatipos. Estas pasiones son la ira, el orgullo, la vanidad, la envidia, la avaricia, el miedo, la gula, la lujuria y la pereza.

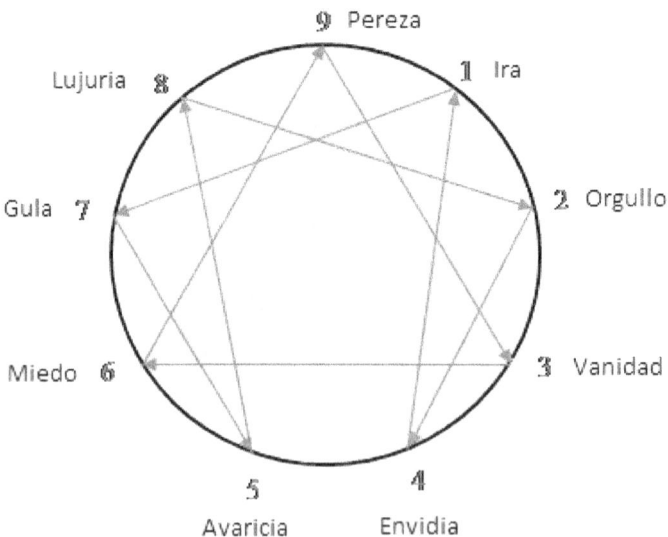

rafaelmoriel.com

4-Eneatipos o Personalidades Básicas

A partir de las nueve pasiones contempladas en el Eneagrama surgen nueve tendencias o rasgos principales, a través de los cuales se definen nueve eneatipos o personalidades básicas:

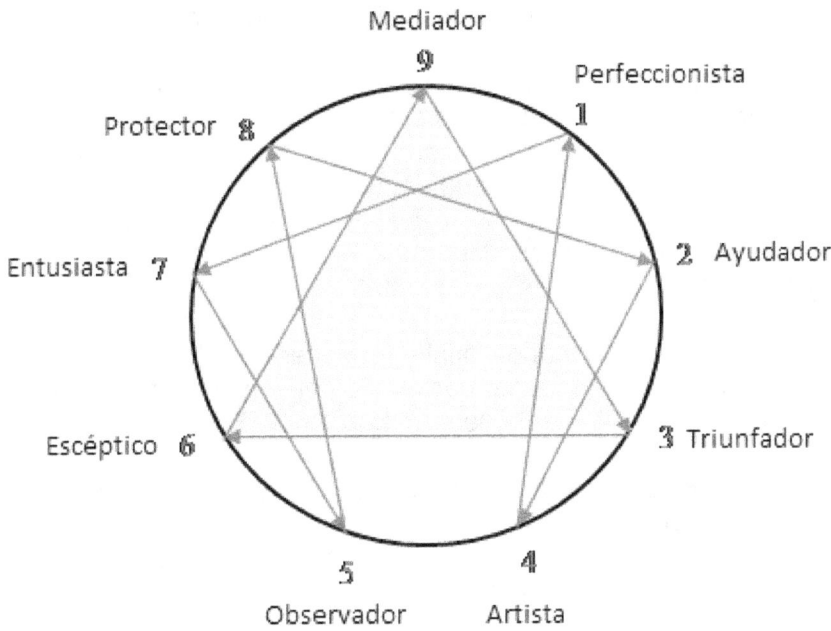

Los nueve eneatipos o personalidades básicas contempladas en el Eneagrama, son:

Eneatipo 1: el perfeccionista
Eneatipo 2: el ayudador
Eneatipo 3: el triunfador
Eneatipo 4: el artista
Eneatipo 5: el observador
Eneatipo 6: el escéptico
Eneatipo 7: el entusiasta
Eneatipo 8: el protector
Eneatipo 9: el mediador

rafaelmoriel.com

5-Las Triadas del Eneagrama

El Eneagrama engloba tres triadas o grupos de tres eneatipos cada uno, que comparten puntos de vista y hábitos emocionales.

Las triadas se fundamentan en tres componentes básicos: instinto, pensamiento y sentimiento, de tal forma que nuestra personalidad está determinada e influenciada principalmente por uno de ellos.

Las triadas del Eneagrama se encuentran organizadas alrededor de tres necesidades elementales: necesidad de autonomía (triada instintiva), necesidad de relación (triada emocional) y necesidad de seguridad y orientación (triada del pensamiento).

La organización de los diferentes eneatipos del Eneagrama de acuerdo a las triadas es la siguiente:

Eneatipos 8, 9 y 1: triada instintiva o visceral (epileptoide).
Eneatipos 2, 3 y 4: triada emocional o del sentimiento (histeroide).
Eneatipos 5, 6 y 7: triada del pensamiento o intelectual (esquizoide).

Ubicar nuestro eneatipo dentro de una triada supone conocer dónde se encuentra nuestro principal desequilibrio, las defensas del ego y el modo principal en que contraemos nuestra percepción consciente y nos limitamos con ella.

Independientemente de cuál sera nuestro eneatipo dominante, las necesidades básicas son compartidas por todos los eneatipos, por lo que cada uno de nosotros incluimos y relacionamos las tres componentes, obteniendo un equilibrio en el que radica nuestra salud mental y emocional. Dependiendo de cuál sea nuestro eneatipo dominante o patrón básico de personalidad, la tendencia es a distorsionar una de estas necesidades básicas, adquiriendo ciertas estrategias mentales y emocionales para lograr compensarla, en función de la triada a la que pertenezca nuestro eneatipo dominante.

5.1-La Triada Instintiva o Visceral

La triada instintiva (visceral o de acción) supone una necesidad de autonomía y una clara sensación del «yo», a nivel de autoafirmarse e imponerse, defendiéndose de los ataques en su propio terreno mediante impulsos vitales de movimiento. La respuesta es espontánea, mediante reacciones instintivas que parten de las vísceras. «¿Quién soy yo y quién eres tú?», «¿Qué espacio me corresponde a mí y cuál a ti?».

La triada visceral o instintiva distorsiona su propia necesidad básica, creando un problema básico relacionado con el control, la autonomía y el sentimiento de la ira (como una distorsión de la emoción básica de la rabia, sana o natural).

La triada visceral es instintiva, enérgica, de pensamientos más polarizados (todo o nada, blanco o negro, conmigo o contra mí, etc.) y resistencia e intento de control sobre el entorno, con un deseo del territorio propio y un sólido sentido de sí mismo.

Dentro de la triada instintiva, cada eneatipo se enfrenta de un modo diferente a su necesidad básica:

Eneatipo 9: la bloquea (anula sus propios impulsos, fundiéndose con el entorno y con los demás).

Eneatipo 8: la híper desarrolla (energía visceral) tomando el mando exageradamente.

Eneatipo 1: la desvía (deriva la agresividad hacia sí mismo o hacia los demás, convirtiéndose en su propio juez).

5.2-La Triada Emocional o del Sentimiento

La triada emocional (del sentimiento o de relaciones con los demás) supone una necesidad de relacionarse con el prójimo, un reconocimiento manifiesto y alcanzar el amor, lo cual implica sentirse querido y querer al mismo tiempo, abarcando todo lo relacionado con las relaciones, desde un punto de vista emocional. «¿Soy importante para ti?», «¿Tengo tu reconocimiento y me quieres?».

La triada del sentimiento distorsiona especialmente su necesidad básica, creando un problema relacionado con la autoestima, el dolor, el miedo al rechazo, la vergüenza, la vanidad y la necesidad de obtener reconocimiento y atención (vergüenza y vanidad como distorsión de la emoción básica de la tristeza, sana o natural).

La triada emocional padece de problemas de autoestima y valoración, confundiendo el «ser» con el «parecer». Habitualmente existen problemas de imagen y de identidad. Desea amor y atención.

Dentro de la triada emocional, cada eneatipo se enfrenta de un modo diferente a su necesidad básica:

Eneatipo 3: la bloquea (anula su propio corazón y sus sentimientos, hasta el punto de confundirlos con los roles que interpreta).

Eneatipo 2: la híper desarrolla (la necesidad básica del propio corazón invade demasiado el mundo externo y necesita ser amado por su generosidad y complacencia).

Eneatipo 4: la desvía (deriva la energía del corazón dirigida a los demás hacia sí mismo, dándole vueltas a su ego, en un intento de encontrar su identidad y comprensión).

5.3-La Triada del Pensamiento o Intelectual

La triada del pensamiento (intelectual o mental) implica una necesidad de seguridad y orientación. Supone la necesidad de sentirse seguro a través de la explicación o el razonamiento mental, manteniendo una perspectiva de lo que pueda suceder y otorgando importancia a la claridad y a la confianza. «¿Dónde estoy realmente?». «¿Es éste un lugar seguro para mí?».

La triada mental distorsiona especialmente su necesidad básica, convirtiéndola en una necesidad de explicaciones y lógicas mentales; racionalidad, prevención y claras perspectivas de futuro y entendimiento. Ansiedad es el sentimiento como distorsión de la emoción básica del miedo, sano o natural.

La triada mental, en su búsqueda de seguridad, orientación y explicación mental, se sirve de elucubraciones, previsiones, planificaciones y de una estimulación mental. Existe una desconfianza y un cuestionamiento (especialmente de la autoridad). Ansiedad y velocidad mental.

Dentro de la triada emocional, cada eneatipo se enfrenta de un modo diferente a su necesidad básica:

Eneatipo 6: la bloquea (la función mental que proporciona la verdadera seguridad y claridad de mente, apareciendo un «ruido mental»).

Eneatipo 5: la híper desarrolla (todo lo mental invade su mundo interno, bloqueando el corazón y las emociones).

Eneatipo 7: la desvía (todo su pensamiento va dirigido a una auto estimulación positiva, mental y gratificante. Planes y más planes).

6-El Ala de los Eneatipos

Cada eneatipo o carácter básico representado mediante un número, se encuentra situado delante y detrás de otros dos eneatipos, denominados alas. Como ejemplo orientativo para un eneatipo 4, las personalidades básicas o números más próximos son el eneatipo 3 y el eneatipo 5.

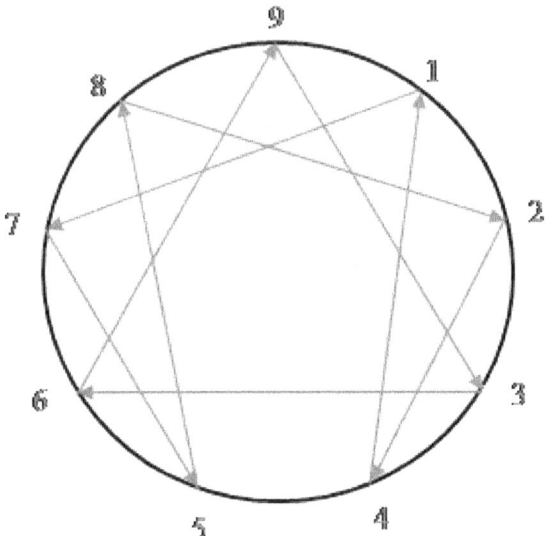

Así como algunas personas resultan fácilmente identificables mediante una personalidad básica o eneatipo concreto, otras pueden verse influenciadas por el eneatipo anterior o posterior a su eneatipo. Cuando dicha influencia existe, se habla del ala del eneatipo.

6.1-Combinaciones de Alas en el Eneagrama

Las posibles combinaciones entre las personalidades básicas y sus correspondientes alas, en el caso de que pudieran darse, conforman los siguientes calificativos:

Eneatipo 1 ala 9: el idealista.
Eneatipo 1 ala 2: el abogado.
Eneatipo 2 ala 1: el servidor.
Eneatipo 2 ala 3: el anfitrión.
Eneatipo 3 ala 2: el encantador.
Eneatipo 3 ala 4: el profesional.
Eneatipo 4 ala 3: el aristócrata.
Eneatipo 4 ala 5: el bohemio.
Eneatipo 5 ala 4: el iconoclasta.
Eneatipo 5 ala 6: el solucionador de Problemas.
Eneatipo 6 ala 5: el defensor.
Eneatipo 6 ala 7: el amigo.
Eneatipo 7 ala 6: el animador.
Eneatipo 7 ala 8: el realista.
Eneatipo 8 ala 7: el independiente.
Eneatipo 8 ala 9: el oso.
Eneatipo 9 ala 8: el árbitro.
Eneatipo 9 ala 1: el soñador.

rafaelmoriel.com

7-Los Subtipos en el Eneagrama

El Eneagrama distingue tres instintos primarios para cada eneatipo, denominados subtipos: el instinto de conservación, el instinto social y el instinto sexual. Sin embargo, las nuevas tendencias del Eneagrama han decidido actualizar la terminología utilizada para los diferentes subtipos, modificando el término «auto conservación» a «conservación», «navegador» a «social» y transmisor a «sexual», ya que resulta una terminología más acorde a los tiempos actuales.

A partir de estos tres instintos elementales, el Eneagrama distingue, para cada eneatipo concreto, los subtipos correspondientes a los instintos de conservación, social o navegador y sexual o transmisor, diferenciando la tendencia o el comportamiento de cada uno de ellos, dentro del eneatipo concreto.

El instinto es una determinada conducta obtenida por respuesta ante un determinado estímulo, teniendo en cuenta que su carácter es automático e inconsciente, no siendo aprendido, conocido o imitado.

De esta manera, el subtipo dominante para alguien que pertenece a un eneatipo concreto del Eneagrama puede entenderse como: «aquello que es lo más importante para mí en la vida». Así, en el contexto de nuestra personalidad básica o eneatipo y tras acometer acciones concretas, centramos toda nuestra atención y energías en un instinto determinado, denominado subtipo dominante.

Los tres subtipos básicos coexisten jerárquicamente en cada persona, de modo que para un mayor desarrollo de un subtipo cualquiera, los dos restantes se encuentran menos desarrollados, de modo que habitualmente el subtipo dominante se encuentra sobre desarrollado, quedando un segundo subtipo más o menos equilibrado y un tercer subtipo notablemente subdesarrollado.

Recientes investigaciones apuntan a que, si una persona concreta tiene el subtipo de «conservación» como instinto dominante, su instinto secundario es el «social» o «navegador», quedando muy bajo o ciego, el instinto «sexual» o «transmisor». Si por el contrario el instinto dominante es el «social» o «navegador», el instinto secundario será el «sexual» o «transmisor», quedando muy bajo o ciego, el instinto de conservación. Si por último, el instinto dominante fuera el «sexual» o «transmisor», el instinto secundario sería el «conservación», quedando muy bajo o ciego, el instinto «social» o «navegador». Esta regla se cumple en la mayor parte de los casos, aunque también pudiera resultar de un modo diferente, como excepción.

7.1-El Subtipo de Conservación (Necesidad)

Conocido antiguamente como instinto de «auto conservación», se traduce en un evidente deseo de sentirse seguro.

El instinto de «auto conservación» está referido a cómo cuidamos de nosotros mismos. A grandes rasgos, las personas pertenecientes a este subtipo se muestran continuamente preocupados por lo esencial para vivir: comida, salud, trabajo, refugio, seguridad y comodidad física, hogar, dinero y estabilidad.

El instinto de «conservación» supone centrar la atención en la búsqueda de unas condiciones óptimas que permitan sentirse bien, preocupándose tan sólo del propio bienestar.

Las posibles ventajas del instinto de «conservación» son el cuidado y mimo de los negocios, la importancia de los detalles y el uso de diferentes habilidades para manejar la vida.

Las posibles desventajas son el enfoque del esfuerzo a la mera supervivencia, perdiéndose otras dimensiones de la vida y haciendo de la supervivencia algo complicado: «¡qué dura es la vida!», creyendo de algún modo que la supervivencia está siempre en juego.

Actualmente se ha comprobado que entre otras cosas, el término «conservación» es más adecuado que «auto conservación» para este instinto dominante, puesto que no siempre las personas que presente este instinto dominante cuidan exclusivamente de sí mismo, sino que muchas veces cuidan de los demás.

Características del Subtipo Conservación

Enfoque y énfasis centrado en la supervivencia.

Algunas personas con este instinto dominante se cuidan a sí mismos, y otras cuidan de los demás.

Búsqueda de seguridad y comodidad físicas.

La seguridad es lo primero. Hay una base económica y una garantía de alimento.

Preocupación por la comida, ropa, dinero, casa, salud.

Persona práctica. Cuida muy bien sus finanzas.

Tendencia a mantener los recursos y la energía (estado de las cuentas bancarias, etc.).

Salud y cuidado del cuerpo (acudir al médico, frecuentar terapias y medicinas alternativas, tener su pequeña farmacia particular en casa, practicar ejercicio con regularidad, etc.).

Fijación con el dinero o el trabajo, (deseos de cambiar de empleo para mejorar, ganar más), etc.

Son personas muy orientadas a vivir su vida con alguien a su lado, con quien sobrevivir.

Aficionados al bricolaje, a la cocina, a comprar todo tipo de objetos en los supermercados, cuidar plantas, coleccionar álbumes, tendencia a ordenar, etc.

Amantes de su hogar, siempre contemplan la posibilidad de mantener una despensa llena, la nevera bien surtida, previsión de un botiquín, etc.

Su alta capacidad de previsión hace que a menudo les caduquen las cosas, puesto que siempre las tienen por exceso.

Son personas muy de pareja, incluso en ocasiones mucho más que los pertenecientes al subtipo «sexual» o «transmisor».

El sexo es más acorde con la reproducción derivada del instinto «conservación», que del «sexual» o «transmisor», propiamente dicho, que en muchas ocasiones puede estar más orientado a dejar un legado.

7.2-El Subtipo Social o Navegador (Búsqueda)

El instinto «social» o «navegador» hace que la persona perteneciente a este subtipo sienta un evidente deseo de interactuar con los demás, a través de actividades comunitarias. Este deseo implica un gran interés por caer bien a los demás y pertenecer siempre a un grupo de referencia, o apoyo.

El instinto «social» o «navegador» conlleva una preocupación por ser aceptado y obtener una posición de privilegio o reconocimiento dentro del grupo, familia o trabajo, disfrutando sobre todo de las diversiones sociales.

Las posibles ventajas del instinto «social» o «navegador» son el correcto «don de gentes», así como el trabajo y el servicio desinteresado, desarrollado en el seno de los grupos en los que la persona decide integrarse.

Las posibles desventajas son la tendencia a desvanecerse o perderse en el grupo, siendo incapaz de permanecer y disfrutar en soledad, menoscabando su propia individualidad, con una tendencia a entrar en conflicto entre lo que el grupo desea y lo que la persona quiere.

Características del Subtipo Social o Navegador

Deseo de relacionarse, pertenecer y participar activamente en grupos sociales, cooperando para adaptarse y sobrevivir como grupo.

Capaz de darse al otro, y adaptarse a éste.

Su lema está próximo a: «yo gano, tú ganas».

Enfoque centrado en el contexto laboral: posición, rango, fama, reconocimiento, popularidad, honor, estatus, aceptación social.

Tendencia a evitar la intimidad.

Da mucha importancia a la creación de vínculos: abrazos, saludos, y relacionarse adecuadamente para ser tenido en cuenta, ser convocado ante cualquier circunstancia o necesidad, ser tenido en cuenta en las conversaciones, etc.

Deseo de ser visto, poniendo énfasis en las reglas y en los castigos derivados del incumplimiento de éstas.

Diálogos internos relacionados con grupos de personas.

Comunidad, compañerismo, filantropía. Necesita pertenecer a un grupo, pero también aportar su granito de arena en el mismo, y ser tenido en cuenta.

Necesita cuidad, y ser cuidado por otros.

Es muy dado a compartir material, y a realizar intercambios con él.

Dan mucha importancia al equilibrio existente entre lo que dan, y lo que reciben.

Se enfada mucho si no es tenido en cuenta, o cuando no se le convoca, etc.

Muy dado a cotillear (dónde vas de vacaciones) y criticar a los otros, por la espalda.

Muy interesado en compartir la información que posee con los demás miembros del grupo.

Necesitan saber quién es cada uno, de dónde procede y cuáles son sus ancestros (apellidos, ciudad de origen, etc.).

7.3-El Subtipo Sexual o Transmisor (Deseo)

Conocido asimismo como instinto de «intimidad» (tú y yo), muestra un evidente deseo de intimidad o de sexualidad, a través de relaciones estrechas de uno a uno.

La persona englobada en el instinto «sexual» o «transmisor» se ocupa principalmente de resultar deseable y atractivo para los demás, buscando situaciones emocionalmente intensas.
Existe una notable atracción por el contacto íntimo, tanto a través de una conversación profunda con alguien que considera fascinante, como en una relación sexual.

Existe una búsqueda continua de la pareja ideal o un deseo de estar con ella si ya cree haberla encontrado. La búsqueda de soluciones a los problemas se realiza en algo externo que complete y llene su vida, pudiendo llegar a obsesionarse con ello y descuidar otras necesidades.

Las posibles ventajas del instinto «sexual» o «transmisor» son el talento para intimar en relaciones estrechas, disfrutando de amistades profundas y enriquecedoras.

Las posibles desventajas son la posibilidad de abrumar con demasiadas expectativas, así como la tendencia a la dependencia, llegando a comportarse como una persona celosa y posesiva.

Características del Subtipo Sexual o Transmisor

Notable búsqueda del contacto y la profundidad, a través de experiencias intensas.

Existe una sensación y una necesidad compulsiva de estar vivos en cada momento de la vida.

Necesidad de una estimulación constante.

Huida del aburrimiento y de todo aquello que en un momento dado ya no tenga la intensidad necesaria para mantener la estimulación.

Necesidad de «quemar»: deporte, sexo, asociaciones, trabajo, etc.

rafaelmoriel.com

Búsqueda más allá de la propia persona de otra persona o situación que complete su vida, acaso como un enchufe en busca de una toma de corriente.

Necesidad de sobrevivir a la muerte, a través de un legado.

En ocasiones puede llegar a consumir sustancias o ansiolíticos, etc., para gastar la energía sobrante.

Normalmente son personas atractivas, con una buena capacidad para la oratoria.

Necesidad de mandar y decir la última palabra.

Precisan de metas y retos para vivir, o en su defecto algo con lo que ir en contra.

El odio ajeno no es un problema para muchos de ellos, puesto que aunque sean odiados han logrado su propósito, que es dejar un legado (sobrevivir a la muerte).

Dispersión de la atención e intensa falta de focalización.

Necesidad de llamar la atención constantemente.

Pueden ser conflictivos.

Les gusta competir, y en ocasiones están dispuestos a llegar hasta el final para lograr vencer.

Miedo a no ser deseado.

Le gusta la confrontación y son personas agresivas, de un modo intrínseco.

Se relacionan muy bien de uno a uno y no soportan los triángulos.

7.4-Cómo Averiguar Nuestro Subtipo

El mejor modo de averiguar el subtipo dominante consiste en la auto observación, preguntándose acerca del instinto básico que domina mayormente en todas nuestras acciones o decisiones cotidianas. Esto requiere de una atención por nuestra parte, atendiendo al móvil que justifica nuestro comportamiento en acciones tan habituales como servir la comida, cruzar un paso de peatones o seleccionar canales en la televisión, etc.

Para entender mejor los tres instintos básicos que conforman los tres subtipos contemplados en el eneagrama, tengamos en cuenta los siguientes ejemplos:

Situación-1: un depredador atrapa una pieza:

Si el subtipo dominante es «conservación», el depredador arrastra la pieza hasta su guarida, se alimenta de ella y esconde los restos para continuar alimentándose.

Si el subtipo dominante es «social», el depredador arrastra la pieza hasta el lugar donde se encuentra la manada, para mostrársela a sus compañeros.

Si el subtipo dominante es «sexual», el depredador busca a una leona para compartir su pieza junto a ella.

Situación-2: David se muda a vivir o a pasar una larga temporada en un lugar lejano:

Si el subtipo dominante es «conservación», David centra su atención en el entorno donde va a desplazarse a vivir, centrándose en las condiciones del lugar donde pretende instalar su hogar.

Si el subtipo dominante es «social», David buscará un grupo de personas con quien interactuar, interesándose acerca de su idiosincrasia, costumbres, etc.

Si el subtipo dominante es «sexual», David se centrará en la búsqueda de una relación profunda como punto de enfoque, interesándose en lo particularmente especial o más atractivo del lugar.

8-Dirección de Integración y Desintegración en el Eneagrama

Los números del Eneagrama están conectados a través de una secuencia específica, psicológicamente significativa. Así, las líneas que enlazan los diferentes eneatipos poseen dos direcciones que permiten dos posibles movimientos o saltos a otros eneatipos, siendo posible lograr en ambos casos tanto la integración o salud, como la desintegración o la enfermedad y la neurosis.

Las últimas revisiones y actualizaciones del Eneagrama indican que ha transcendido totalmente la idea primitiva de que uno de los movimientos siempre sea desintegrador, y el otro integrador.

Según se tiene constancia, la integración se daría siempre y cuando el movimiento o salto sea consciente y voluntario, y la desintegración cuando dicho movimiento o salto sea de carácter compulsivo y descontrolado.

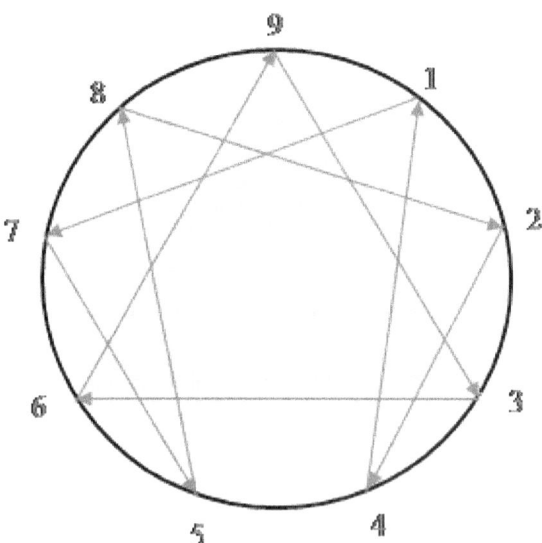

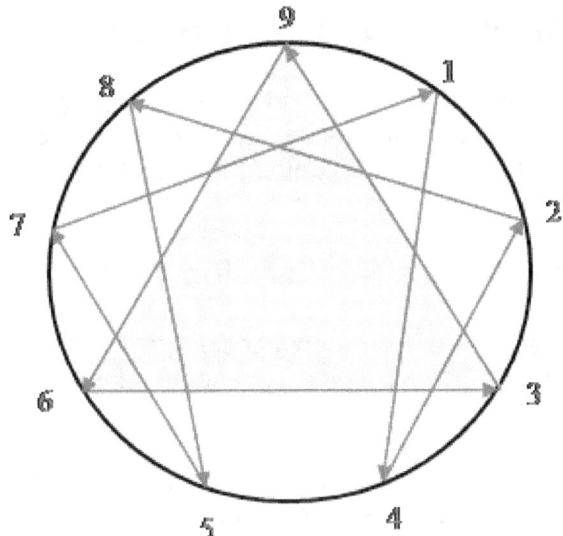

Como ejemplo orientativo, el eneatipo 1 permitiría, según las direcciones que lo enlazan con otros eneatipos, un movimiento al 4 y otro al 2.

En cualquier caso, la integración supone una tendencia a la relajación, entretanto la desintegración tiende a la compulsión.

9-Cómo Averiguar Nuestro Eneatipo

Este libro incluye nueve test independientes de valoración para cada eneatipo individual, permitiendo asimismo comprender y asimilar algunos de los comportamientos más notables, asociados a cada eneatipo.

9.1-Instrucciones Para Realizar los Test

A la hora de realizar los test de identificación de eneatipos en el Eneagrama, conviene tener bien presente las siguientes directrices:

Se debe responder a todas las cuestiones en términos de todo o nada, evitando, en la medida de lo posible, la opción intermedia, teniendo en cuenta que las respuestas pueden variar en función de cómo sea el momento actual que estemos viviendo, así como nuestra situación personal.

En caso de duda durante la identificación de nuestro eneatipo, conviene tener en cuenta que si dos o más eneatipos diferentes destacan por sus altas puntuaciones, es necesario sumar los puntos obtenidos en las diferentes triadas (2,3,4 y 5,6,7 y 8,9,1), adjudicando como eneatipo dominante el correspondiente a la mayor puntuación obtenida dentro de la triada cuya suma ha obtenido una mayor puntuación.

En caso de duda es recomendable repetir el test incluso varias veces, considerando diferentes criterios: responder las preguntas en términos de todo o nada e incluso realizar otro estudio, contemplando todas las respuestas intermedias que creamos oportunas.

Si finalmente no consigue identificarse con un solo eneatipo, debe considerar la posibilidad de trabajar a partir de dos eneatipos diferentes, que normalmente estarán relacionados a través de las flechas del Eneagrama, sopesando qué aspectos de un eneatipo le resultan favorables y cuáles no.

Una vez identificado el eneatipo dominante, es necesario tener en cuenta que los eneatipos relacionados en las direcciones indicadas por las flechas tienen influencia en su personalidad global. Así, para obtener un mapa más real de la misma, no sólo debe tomar en consideración el eneatipo básico y su ala correspondiente (si la hubiera y se sintiera identificado con ella), sino los dos eneatipos correspondientes a las flechas en el Eneagrama. Los rasgos de los cuatro eneatipos pueden mezclarse en su personalidad global, conformando un estilo de personalidad más amplia y acorde a la realidad.

Como ejemplo, tomemos un eneatipo cuatro. Cualquier eneatipo cuatro posee un ala tres o un ala cinco, así como una flecha en dirección al eneatipo dos, y otra en dirección al eneatipo uno, que juegan un importante papel en la personalidad resultante.

10-Consideraciones Importantes Acerca del Eneagrama

Para entender e interpretar correctamente el Eneagrama, conviene tener presente las siguientes pautas:

Ciertamente, resulta difícil conocernos a nosotros mismos. Algunas personas invierten toda su vida en ello y otras, sencillamente, no lo logran. Por todo ello es conveniente centrarse en el estudio de uno mismo y respetar a los demás, dejando que sean ellos mismos quienes busquen su propia realidad.

Familiarizarse con los diferentes eneatipos descritos en el Eneagrama facilita la comprensión de otras perspectivas que difieren de las nuestras. El Eneagrama es una apertura y no una cerrazón.

A través del Eneagrama es posible que por primera vez en la vida seamos capaces de entender la pauta, el motivo y la forma de cómo hemos vivido y nos hemos comportado hasta el momento.

La finalidad del Eneagrama es promover el inicio de un proceso de exploración que nos acerque a nuestra propia realidad y al lugar que ocupamos en el mundo.

El descubrimiento de nuestro eneatipo básico es sólo el punto de partida hacia un viaje mucho más grandioso e interesante.

Utilizar el Eneagrama para justificarnos o mejorar nuestra propia imagen, simpatizando con ella, detiene el proceso para desvelar nuestra verdadera naturaleza.

Se entiende como normal una cierta aversión hacia otros eneatipos, aunque es necesario tener presente que no hay eneatipos mejores ni peores; todos representan estrategias concretas de supervivencia, que los convierte en respetables.

Cualquier persona identificada en un eneatipo concreto, si es malsana o enferma, lo es igualmente para sí mismo y para los demás. Todas las personas, independientemente de su eneatipo, si son malsanas o enfermas resultan infelices y problemáticas.

11-Test del Eneatipo-1

El siguiente test valora 20 pautas de comportamiento del carácter básico correspondiente al eneatipo 1 del Eneagrama, en relación a cómo piensa, siente e intuye una persona identificada como tal.

La simple lectura, análisis o estudio de las cuestiones referentes al Eneatipo 1 permite conocer los mecanismos de actuación y lógica del mismo. Por ello no conviene olvidar que el objetivo final del Eneagrama es adquirir la consciencia de uno mismo.

Para realizar el test completo del Eneagrama es necesario valorar los nueve eneatipos, respondiendo a las 180 cuestiones que conforman los nueve test.

Responder las cuestiones, valorando la actitud ante las mismas como «Mucho», «Poco» o «Nada», otorgando una puntuación de 2, 1 y 0 respectivamente.

Tras responder todas las cuestiones, sumar los puntos obtenidos en cada respuesta, valorando la puntuación obtenida del siguiente modo:

40 puntos: el Eneatipo 1 se corresponde con su carácter básico.

30-40 puntos: es muy probable que el Eneatipo 1 sea su carácter básico.

20-30 puntos: el Eneatipo 1 puede ser su carácter básico o el ala de su carácter básico, dependiendo de las puntuaciones obtenidas para el resto de eneatipos.

10-20 puntos: el Eneatipo 1 puede ser el ala de su carácter básico, dependiendo de las puntuaciones obtenidas para el resto de eneatipos.

0-10 puntos: es poco probable que su carácter tenga relación con el Eneatipo 1.

Veinte Cuestiones Para Testear el Eneatipo 1

1. Me considero bastante comedido a la hora de usar el dinero.
2. Usualmente me molesta que las cosas no marchen como yo creo que debieran.
3. Con frecuencia me enfado conmigo mismo por saber que puedo hacer las cosas mejor de cómo las hago.
4. A menudo doy más importancia a un pequeño error que al trabajo en su conjunto.
5. Empleo excesivo esfuerzo y tiempo en corregir mis faltas.
6. Normalmente me cuesta encontrar tiempo para relajarme y pocas veces tengo espacio para la diversión y la alegría.
7. Con frecuencia me comporto de forma auto crítica y percibo la crítica de los demás.
8. Me preocupo de las cosas en mayor medida que los demás.
9. La honradez para mí es una virtud esencial.
10. Siento que a menudo me comporto de una forma pulcra y puritana.
11. Actuar de forma adecuada y correcta es básico en mi vida cotidiana.
12. A menudo siento que la labor por realizar es mayor que el tiempo que tengo para llevarla a cabo.
13. Empleo mi tiempo con toda la responsabilidad y dedicación que puedo.
14. A menudo veo todo en términos de correcto o equivocado, bueno o malo, blanco o negro.

rafaelmoriel.com

15. Para mí resulta muy fácil ser y comportarme como una persona escrupulosa en el detalle.

16. Me son afines las causas que promueven la justicia y evitan la amoralidad y falta de ética.

17. Internamente, me molesta y disgusta que las cosas se realicen de forma incorrecta o indebida.

18. Generalmente me siento arrastrado a buscar el perfeccionamiento propio y ajeno en todo lo que llevo a cabo.

19. Tengo la creencia de que debo ser bueno para que los demás me acepten, me amen y/o me aprueben.

20. Mi mayor frustración es observar que nadie es como debiera.

12-Test del Eneatipo-2

El siguiente test valora 20 pautas de comportamiento del carácter básico correspondiente al eneatipo 2 del Eneagrama, en relación a cómo piensa, siente e intuye una persona identificada como tal.

La simple lectura, análisis o estudio de las cuestiones referentes al Eneatipo 2 permite conocer los mecanismos de actuación y lógica del mismo. Por ello no conviene olvidar que el objetivo final del Eneagrama es adquirir la consciencia de uno mismo.

Para realizar el test completo del Eneagrama es necesario valorar los nueve eneatipos, respondiendo a las 180 cuestiones que conforman los nueve test.

Responder las cuestiones, valorando la actitud ante las mismas como «Mucho», «Poco» o «Nada», otorgando una puntuación de 2, 1 y 0 respectivamente.

Tras responder todas las cuestiones, sumar los puntos obtenidos en cada respuesta, valorando la puntuación obtenida del siguiente modo:

40 puntos: el Eneatipo 2 se corresponde con su carácter básico.

30-40 puntos: es muy probable que el Eneatipo 2 sea su carácter básico.

20-30 puntos: el Eneatipo 2 puede ser su carácter básico o el ala de su carácter básico, dependiendo de las puntuaciones obtenidas para el resto de eneatipos.

10-20 puntos: el Eneatipo 2 puede ser el ala de su carácter básico, dependiendo de las puntuaciones obtenidas para el resto de eneatipos.

0-10 puntos: es poco probable que su carácter tenga relación con el Eneatipo 2.

Veinte Cuestiones Para Testear el Eneatipo 2

1. Lo que he hecho por algunas personas creo que me convierte en alguien muy importante y prioritario para ellos.

2. A menudo hay personas que requieren de mi compañía y consejo.

3. El sentir que soy importante para otros, me gusta y enorgullece.

4. Mi ayuda y generosidad es muy importante para muchas personas.

5. A veces siento que los demás no valoran realmente la ayuda que les doy.

6. Soy capaz de crear un clima de confianza, proximidad y acercamiento con las personas con las que me relaciono.

7. El servicio a los demás es una gran motivación en mi vida.

8. Dedico con regularidad una parte de mi vida a los problemas de otras personas.

9. Me siento bien ayudando a otras personas a salir de situaciones embarazosas y problemáticas.

10. A veces y sin que me lo pidan, ayudo enérgicamente a otras personas.

11. Siento muchas veces que otros dependen de mí, como una sobrecarga.

12. Habitualmente suelo olvidarme de mis propias necesidades.

13. Siento que me preocupo y relaciono más con mis amigos de lo que ellos lo hacen conmigo.

14. A veces me parece que los otros me utilizan según sus deseos y prioridades, sin tener en cuenta las mías.

rafaelmoriel.com

15. Mi ayuda sobre todo está enfocada a resolver los problemas y conflictos emocionales.

16. Sentirme cercano a los demás, me hace estar bien.

17. Disfruto cuidando a los demás.

18. Casi siempre empleo mi tiempo libre en ayudar y beneficiar a otros.

19. Amar y ser amado es fundamental en mi vida.

20. Poseo grandes dotes para la educación.

13-Test del Eneatipo-3

El siguiente test valora 20 pautas de comportamiento del carácter básico correspondiente al eneatipo 3 del Eneagrama, en relación a cómo piensa, siente e intuye una persona identificada como tal.

La simple lectura, análisis o estudio de las cuestiones referentes al Eneatipo 3 permite conocer los mecanismos de actuación y lógica del mismo. Por ello no conviene olvidar que el objetivo final del Eneagrama es adquirir la consciencia de uno mismo.

Para realizar el test completo del Eneagrama es necesario valorar los nueve eneatipos, respondiendo a las 180 cuestiones que conforman los nueve test.

Responder las cuestiones, valorando la actitud ante las mismas como «Mucho», «Poco» o «Nada», otorgando una puntuación de 2, 1 y 0 respectivamente.

Tras responder todas las cuestiones, sumar los puntos obtenidos en cada respuesta, valorando la puntuación obtenida del siguiente modo:

40 puntos: el Eneatipo 3 se corresponde con su carácter básico.

30-40 puntos: es muy probable que el Eneatipo 3 sea su carácter básico.

20-30 puntos: el Eneatipo 3 puede ser su carácter básico o el ala de su carácter básico, dependiendo de las puntuaciones obtenidas para el resto de eneatipos.

10-20 puntos: el Eneatipo 3 puede ser el ala de tu carácter básico, dependiendo de las puntuaciones obtenidas para el resto de eneatipos.

0-10 puntos: es poco probable que su carácter tenga relación con el Eneatipo 3.

Veinte Cuestiones Para Testear el Eneatipo 3

1. Me considero una persona de acción.
2. Me agrada colaborar con otros en equipo y ser eficiente en el grupo.
3. Para mí es importante actuar con precisión y profesionalidad.
4. Me considero un gran organizador, supervisando el proceso de las cosas desde su principio hasta su final.
5. El éxito significa mucho para mí.
6. Es muy importante para mí conocer en cada momento cuáles son mis objetivos y cuánto me falta para cumplirlos.
7. Me gustan todos los gráficos, esquemas e indicadores que muestren cómo actúo.
8. Mi capacidad de hacer muchas cosas a la vez es admirada por otros.
9. Me gusta hacer llegar a los demás una imagen de persona triunfadora.
10. Para mí, tomar decisiones no supone singún problema.
11. Para lograr el éxito, a veces hay que poner entre paréntesis las propias normas.
12. Cuando pienso en mi pasado, suelo recordar más lo que hice bien que lo que hice mal.
13. Odio que me digan que no marcha bien algo que estoy haciendo.
14. En general, prefiero estar implicado en el desarrollo de una operación que observar cómo marcha.
15. Me desenvuelvo bien como asesor de un proyecto.

rafaelmoriel.com

16. Me identifico tanto con mi trabajo o rol, que me olvido de quién soy.

17. Creo que las apariencias son importantes.

18. Creo que necesito lograr muchas cosas para que los demás me aprecien.

19. Tiendo a ser una persona asertiva y que consigue lo que quiere.

20. Las primeras impresiones son muy importantes.

14-Test del Eneatipo-4

El siguiente test valora 20 pautas de comportamiento del carácter básico correspondiente al eneatipo 4 del Eneagrama, en relación a cómo piensa, siente e intuye una persona identificada como tal.

La simple lectura, análisis o estudio de las cuestiones referentes al Eneatipo 4 permite conocer los mecanismos de actuación y lógica del mismo. Por ello no conviene olvidar que el objetivo final del Eneagrama es adquirir la consciencia de uno mismo.

Para realizar el test completo del Eneagrama es necesario valorar los nueve eneatipos, respondiendo a las 180 cuestiones que conforman los nueve test.

Responder las cuestiones, valorando la actitud ante las mismas como «Mucho», «Poco» o «Nada», otorgando una puntuación de 2, 1 y 0 respectivamente.

Tras responder todas las cuestiones, sumar los puntos obtenidos en cada respuesta, valorando la puntuación obtenida del siguiente modo:

40 puntos: el Eneatipo 4 se corresponde con su carácter básico.

30-40 puntos: es muy probable que el Eneatipo 4 sea su carácter básico.

20-30 puntos: el Eneatipo 4 puede ser su carácter básico o el ala de su carácter básico, dependiendo de las puntuaciones obtenidas para el resto de eneatipos.

10-20 puntos: el Eneatipo 4 puede ser el ala de tu carácter básico, dependiendo de las puntuaciones obtenidas para el resto de eneatipos.

0-10 puntos: es poco probable que su carácter tenga relación con el Eneatipo 4.

Veinte Cuestiones Para Testear el Eneatipo 4

1. Muy a menudo siento una profunda nostalgia del pasado.
2. Todo lo simbólico me fascina y atrae.
3. Es poco frecuente encontrar personas de sentimientos tan profundos como los míos.
4. Me esfuerzo en dar una imagen desenfadada y natural.
5. En general, pienso que a la gente le es difícil apreciar la belleza de la vida.
6. Mis sentimientos suelen ser incomprensibles para los demás.
7. Cuando hago algo, me gusta hacerlo bien, cuidando los detalles.
8. Es muy importante para mí crear y moverme en ambientes agradables.
9. Me entusiasma el teatro o la música, etc., y a veces me encuentro fantaseando con que soy un actor o un músico más.
10. La clase, las buenas maneras y el buen gusto son básicos para mí.
11. Me gusta pensar en mí como alguien especial y único.
12. Suelo identificarme tanto con los sentimientos de las personas que me rodean, que a veces me olvido del verdadero sentido de los míos.
13. Todo lo relacionado con el malestar, el abandono, la pérdida y la muerte, suele ocupar mis pensamientos.
14. A veces me preocupa que la expresión de mis sentimientos sea menos intensa que mi propio sentir.

15. Me parece que soy excesivamente vulnerable al comportamiento y a los sentimientos ajenos.

16. Suelo sentirme muy afectado cuando una relación íntima y personal se rompe.

17. A veces me encuentro envidiando al otro por tener la fuerza que a mí me falta.

18. Utilizo cualquier forma de expresión artística (poesía, pintura, etc.) como forma de canalizar y expresar mis sentimientos y creatividad.

19. La gente suele tacharme de ser bastante tragicómico, sonriendo a través del llanto.

20. A menudo defino mi personalidad como cambiante y ciclotímica: ahora estoy eufórico, ahora estoy triste. Si permanezco estable, siento que me falta algo.

15-Test del Eneatipo-5

El siguiente test valora 20 pautas de comportamiento del carácter básico correspondiente al eneatipo 5 del Eneagrama, en relación a cómo piensa, siente e intuye una persona identificada como tal.

La simple lectura, análisis o estudio de las cuestiones referentes al Eneatipo 5 permite conocer los mecanismos de actuación y lógica del mismo. Por ello no conviene olvidar que el objetivo final del Eneagrama es adquirir la consciencia de uno mismo.

Para realizar el test completo del Eneagrama es necesario valorar los nueve eneatipos, respondiendo a las 180 cuestiones que conforman los nueve test.

Responder las cuestiones, valorando la actitud ante las mismas como «Mucho», «Poco» o «Nada», otorgando una puntuación de 2, 1 y 0 respectivamente.

Tras responder todas las cuestiones, sumar los puntos obtenidos en cada respuesta, valorando la puntuación obtenida del siguiente modo:

40 puntos: el Eneatipo 5 se corresponde con su carácter básico.

30-40 puntos: es muy probable que el Eneatipo 5 sea su carácter básico.

20-30 puntos: el Eneatipo 5 puede ser su carácter básico o el ala de su carácter básico, dependiendo de las puntuaciones obtenidas para el resto de eneatipos.

10-20 puntos: el Eneatipo 5 puede ser el ala de tu carácter básico, dependiendo de las puntuaciones obtenidas para el resto de eneatipos.

0-10 puntos: es poco probable que su carácter tenga relación con el Eneatipo 5.

Veinte Cuestiones Para Testear el Eneatipo 5

1. Me cuesta expresar mis sentimientos y suelo almacenarlos en mi interior.

2. Suelo bastarme conmigo mismo y lo que tengo para vivir, sin necesitar a nadie.

3. En reuniones que considero superficiales nunca sé qué decir, ni cómo comportarme.

4. En el terreno del pensamiento utilizo muy a menudo la observación y la objetividad, procurando unir ideas diferentes.

5. Me siento seguro si ante situaciones novedosas tengo la posibilidad de mentalizarme previamente, sin dar lugar a las sorpresas.

6. Siento una gran necesidad existencial de retirarme y mantener una esfera privada donde nadie me moleste.

7. Prefiero mantenerme en un segundo plano, dejando la iniciativa a otros.

8. Me siento más cómodo observando, que comenzando nuevas acciones y/o relaciones.

9. Me suelen definir como solitario y distante.

10. A menudo mi comportamiento es más parco y frío en palabras que el de la mayoría; en esos momentos la gente suele preguntarse lo que pienso.

11. Me resulta difícil conectar con mis sentimientos y necesidades de afecto.

12. Ante situaciones conflictivas y embarazosas, prefiero retirarme y analizar el problema, antes de afrontarlo.

13. Los problemas se resuelven de forma objetiva y empleando la cabeza.

14. La observación global y precisa, unida al conocimiento adquirido, me ayudan a orientarme en la vida y me protegen del entorno.

15. Si pienso mucho en alguien, puedo sentirme unido a esa persona.

16. Tengo tendencia a ser bastante avaro con mi tiempo, mi persona y mis bienes.

17. Suelo manifestar mi enfado con mucho sarcasmo e ironía.

18. A menudo desaparezco durante horas para dedicarme a lo que me interesa.

19. Mi tono de voz es dulce, tranquilo y relajante. Cuando me piden que hable más alto suelo enfadarme.

20. Siento una gran necesidad de saber más, pudiendo estar días y días estudiando e investigando, sin querer compartirlo con los demás.

16-Test del Eneatipo-6

El siguiente test valora 20 pautas de comportamiento del carácter básico correspondiente al eneatipo 6 del Eneagrama, en relación a cómo piensa, siente e intuye una persona identificada como tal.

La simple lectura, análisis o estudio de las cuestiones referentes al Eneatipo 6 permite conocer los mecanismos de actuación y lógica del mismo. Por ello no conviene olvidar que el objetivo final del Eneagrama es adquirir la consciencia de uno mismo.

Para realizar el test completo del Eneagrama es necesario valorar los nueve eneatipos, respondiendo a las 180 cuestiones que conforman los nueve test.

Responder las cuestiones, valorando la actitud ante las mismas como «Mucho», «Poco» o «Nada», otorgando una puntuación de 2, 1 y 0 respectivamente.

Tras responder todas las cuestiones, sumar los puntos obtenidos en cada respuesta, valorando la puntuación obtenida del siguiente modo:

40 puntos: el Eneatipo 6 se corresponde con su carácter básico.

30-40 puntos: es muy probable que el Eneatipo 6 sea su carácter básico.

20-30 puntos: el Eneatipo 6 puede ser su carácter básico o el ala de su carácter básico, dependiendo de las puntuaciones obtenidas para el resto de eneatipos.

10-20 puntos: el Eneatipo 6 puede ser el ala de tu carácter básico, dependiendo de las puntuaciones obtenidas para el resto de eneatipos.

0-10 puntos: es poco probable que su carácter tenga relación con el Eneatipo 6.

Veinte Cuestiones Para Testear el Eneatipo 6

1. A menudo me siento dudoso, inseguro y con poca autoconfianza.

2. Con las figuras de autoridad y en grupo, mi comportamiento es muy leal.

3. Me lo pienso mucho y obtengo información adicional antes de afrontar un conflicto o tomar una decisión.

4. Cuando digo o hago algo, suelo tenerlo muy bien pensado y considerado, en toda su amplitud.

5. Me preocupo por cumplir las normas y las reglas, especialmente las fijadas por la autoridad y constatadas por escrito.

6. Suelo ser una persona amable y que me adapto a las situaciones.

7. A menudo pienso que me falta valor y coraje para superar la vida con éxito.

8. Habitualmente prefiero que sean otros los que lleven la pauta de actuación.

9. Considero que las leyes ayudan a tener claro lo que hay que hacer.

10. El sentido del deber y la responsabilidad son valores que utilizo cotidianamente.

11. Suelo ser muy estricto a la hora de actuar según lo establecido, para que todo funcione como es debido.

12. Cuando me siento inseguro suelo actuar con desconfianza, viendo fantasmas donde no los hay.

13. Suelo ser capaz de captar las contradicciones, siendo muy sensible a ellas.

14. La mayoría de la gente me dice que tengo un gran sentido del humor.

15. Me siento seguro ante una situación predecible y que tenga un orden establecido.

16. Permanezco fiel y al lado de los amigos, aún en los tiempos difíciles.

17. Me es difícil sentirme seguro y acogido; por otro lado, cuando lo logro puedo abrirme y confiar totalmente.

18. Puedo definirme a mí mismo como prudente y moderado.

19. Suelo emplear dos formas para afrontar mis miedos: huyo o ataco.

20. A menudo suelo imaginarme como un héroe que resuelve y enfrenta determinados asuntos.

17-Test del Eneatipo-7

El siguiente test valora 20 pautas de comportamiento del carácter básico correspondiente al eneatipo 7 del Eneagrama, en relación a cómo piensa, siente e intuye una persona identificada como tal.

La simple lectura, análisis o estudio de las cuestiones referentes al Eneatipo 7 permite conocer los mecanismos de actuación y lógica del mismo. Por ello no conviene olvidar que el objetivo final del Eneagrama es adquirir la consciencia de uno mismo.

Para realizar el test completo del Eneagrama es necesario valorar los nueve eneatipos, respondiendo a las 180 cuestiones que conforman los nueve test.

Responder las cuestiones, valorando la actitud ante las mismas como «Mucho», «Poco» o «Nada», otorgando una puntuación de 2, 1 y 0 respectivamente.

Tras responder todas las cuestiones, sumar los puntos obtenidos en cada respuesta, valorando la puntuación obtenida del siguiente modo:

40 puntos: el Eneatipo 7 se corresponde con su carácter básico.

30-40 puntos: es muy probable que el Eneatipo 7 sea su carácter básico.

20-30 puntos: el Eneatipo 7 puede ser su carácter básico o el ala de su carácter básico, dependiendo de las puntuaciones obtenidas para el resto de eneatipos.

10-20 puntos: el Eneatipo 7 puede ser el ala de tu carácter básico, dependiendo de las puntuaciones obtenidas para el resto de eneatipos.

0-10 puntos: es poco probable que su carácter tenga relación con el Eneatipo 7.

rafaelmoriel.com

Veinte Cuestiones Para Testear el Eneatipo 7

1. Suelo ser más confiado y optimista respecto a los demás, y su forma de actuar.

2. Suelo disfrutar y divertirme con todo lo que me rodea.

3. De todas las opciones que hay en la vida, suelo elegir las positivas y buenas.

4. Me gusta que quienes me rodean tengan metas tan alegres y optimistas como las mías.

5. Procuro que los demás me vean siempre contento y con una actitud desenfadada.

6. Presto más atención a los aspectos positivos de la vida, olvidando las situaciones desagradables rápidamente.

7. Olvido rápidamente los conflictos y situaciones desagradables.

8. Me gustan los acontecimientos sociales donde pueda divertirme y narrar relatos o contar chistes.

9. Me cuesta aceptar la autoridad y que me digan lo que tengo que hacer.

10. Procuro evitar los enfrentamientos directos, ignorando la norma que vaya en contra de mi propio bienestar.

11. Suelo evitar los trabajos rutinarios y aburridos.

12. A menudo me imagino eventos bonitos y felices en el futuro, y esto me hace sentir bien.

13. Me cuesta vivir en ambientes tristes y deprimidos.

14. Soy capaz de apoyar y animar a los amigos en situaciones difíciles, haciéndoles ver lo bueno de la vida.

15. Procuro saciar todos mis deseos y apetitos donde pueda.

rafaelmoriel.com

16. Me gusta rodearme de mucha gente y sentirme el centro de atención.

17. A veces suelo decir lo que pasa por mi cabeza.

18. Procuro evitar profundizar en los problemas graves, saltando de una cosa a otra sin centrarme en una sola.

19. En cuanto aparecen dificultades e incomodidades en el desarrollo de lo que había pensado hacer, lo dejo de realizar.

20. Desde pequeño aprendí a ser feliz.

18-Test del Eneatipo-8

El siguiente test valora 20 pautas de comportamiento del carácter básico correspondiente al eneatipo 8 del Eneagrama, en relación a cómo piensa, siente e intuye una persona identificada como tal.

La simple lectura, análisis o estudio de las cuestiones referentes al Eneatipo 8 permite conocer los mecanismos de actuación y lógica del mismo. Por ello no conviene olvidar que el objetivo final del Eneagrama es adquirir la consciencia de uno mismo.

Para realizar el test completo del Eneagrama es necesario valorar los nueve eneatipos, respondiendo a las 180 cuestiones que conforman los nueve test.

Responder las cuestiones, valorando la actitud ante las mismas como «Mucho», «Poco» o «Nada», otorgando una puntuación de 2, 1 y 0 respectivamente.

Tras responder todas las cuestiones, sumar los puntos obtenidos en cada respuesta, valorando la puntuación obtenida del siguiente modo:

40 puntos: el Eneatipo 8 se corresponde con su carácter básico.

30-40 puntos: es muy probable que el Eneatipo 8 sea su carácter básico.

20-30 puntos: el Eneatipo 8 puede ser su carácter básico o el ala de su carácter básico, dependiendo de las puntuaciones obtenidas para el resto de eneatipos.

10-20 puntos: el Eneatipo 8 puede ser el ala de tu carácter básico, dependiendo de las puntuaciones obtenidas para el resto de eneatipos.

0-10 puntos: es poco probable que su carácter tenga relación con el Eneatipo 8.

rafaelmoriel.com

Veinte Cuestiones Para Testear el Eneatipo 8

1. Suelo tomar la iniciativa cuando quiero algo y me mantengo en la lucha por conseguirlo.

2. Me percibo a mí mismo como una persona fuerte y justa, capaz de ayudar a los débiles.

3. Soy capaz de captar los puntos débiles de los demás y utilizarlos si me siento atacado.

4. Me gusta ser visto y resultar importante para los demás.

5. Me es fácil defender mis derechos y expresar mi malestar e insatisfacción.

6. Me siento a gusto en el papel de líder o jefe.

7. Me considero una persona agresiva y asertiva.

8. Suelo percibir la vida como una lucha por lo correcto y lo justo.

9. Me cuido mucho de no aparecer ante los demás como alguien débil.

10. Suelo ejercer un poder proteccionista con quienes están bajo mi mando.

11. Suelo tener mucha energía y me gusta moverme para no aburrirme.

12. Suelo tener dificultades para expresar mi lado cariñoso, sensible y tierno.

13. Algunos me tachan de inconformista e individualista.

14. A menudo disfruto con las situaciones estimulantes y arriesgadas, donde pueda demostrar mi fuerza y habilidad.

15. Disfruto participando en enfrentamientos y duras discusiones.

rafaelmoriel.com

16. Mi seguridad y gran confianza personal es tomada por los demás como arrogancia y prepotencia.

17. Suelo trabajar mucho y sé cómo conseguir las cosas.

18. Me gusta poner claras las cosas con los demás.

19. En general, no suelo dedicar mucho tiempo a la interiorización y la introspección; prefiero centrarme en los hechos.

20. Considero que cada uno de nosotros se crea su propio camino.

rafaelmoriel.com

19-Test del Eneatipo-9

El siguiente test valora 20 pautas de comportamiento del carácter básico correspondiente al eneatipo 9 del Eneagrama, en relación a cómo piensa, siente e intuye una persona identificada como tal.

La simple lectura, análisis o estudio de las cuestiones referentes al Eneatipo 9 permite conocer los mecanismos de actuación y lógica del mismo. Por ello no conviene olvidar que el objetivo final del Eneagrama es adquirir la consciencia de uno mismo.

Para realizar el test completo del Eneagrama es necesario valorar los nueve eneatipos, respondiendo a las 180 cuestiones que conforman los nueve test.

Responder las cuestiones, valorando la actitud ante las mismas como «Mucho», «Poco» o «Nada», otorgando una puntuación de 2, 1 y 0 respectivamente.

Tras responder todas las cuestiones, sumar los puntos obtenidos en cada respuesta, valorando la puntuación obtenida del siguiente modo:

40 puntos: el Eneatipo 9 se corresponde con su carácter básico.

30-40 puntos: es muy probable que el Eneatipo 8 sea su carácter básico.

20-30 puntos: el Eneatipo 9 puede ser su carácter básico o el ala de su carácter básico, dependiendo de las puntuaciones obtenidas para el resto de eneatipos.

10-20 puntos: el Eneatipo 9 puede ser el ala de tu carácter básico, dependiendo de las puntuaciones obtenidas para el resto de eneatipos.

0-10 puntos: es poco probable que su carácter tenga relación con el Eneatipo 9.

rafaelmoriel.com

Veinte Cuestiones Para Testear el Eneatipo 9

1. Me resulta fácil comprender y sentir los puntos de vista y opiniones de los demás.

2. Percibo las cosas que me suceden de forma serena, por lo que suelo tener una vida bastante calmada y tranquila.

3. Suelo disfrutar sin hacer nada.

4. Opino que la gente se preocupa en exceso por algunas cosas; para mí todo es igual de importante.

5. Me considero una persona con una paciencia infinita y muy tratable.

6. Suelo dormir bastante bien.

7. Tengo una gran necesidad de armonía y paz, que en ocasiones me conduce a esconder los problemas.

8. A menudo siento que me falta entusiasmo y motivación para hacer las cosas.

9. Tengo dificultad para establecer prioridades, olvidándome de las cosas importantes que hay que hacer.

10. Suelo ser más bien pasivo, esperando a ver lo que ocurre fuera.

11. Me resulta difícil tomar partido en algo. Puedo ver todas las ventajas e inconvenientes.

12. La mayoría me considera de comportamiento tranquilo y pacífico, pero por dentro suelo sentirme con ansiedad.

13. Me siento de forma incómoda trabajando bajo presión y con fuertes expectativas.

14. Me gusta mostrarme como un buen mediador y diplomático.

15. Me resulta muy difícil tomar contacto con mi rabia, que tiendo a ocultar y liberar de forma indirecta: cometiendo errores, actuando más lentamente.

16. Soy capaz de identificarme tanto con el otro, que me es difícil establecer los límites.

17. Tiendo a quitarme importancia: «los otros valen más que yo».

18. Suelo ser capaz de relajarme y disfrutar.

19. Procuro buscar la forma más cómoda de hacer las cosas, actuando por inercia.

20. A menudo me siento conectado con la vida y la gente que me rodea.

20-Eneatipo Uno (1): El Perfeccionista

«Soy idealista. Siento una verdadera atracción por el mundo de la verdad, la justicia y el orden moral. Soy estructurado, responsable y muy trabajador. ¡Me gustan las cosas bien hechas! Puedo ser muy crítico, me tomo la vida demasiado en serio, exijo mucho de mí y de los demás. Tengo una gran habilidad para detectar errores y corregirlos».

20.1-Consideraciones Importantes

Sea cual fuere su eneatipo básico, los eneatipos en las direcciones señaladas por las flechas influyen en su personalidad global, permitiendo ambos movimientos, así como la integración y la desintegración en ambos casos. Para obtener una respuesta más acorde a la misma, no sólo debe tomar en cuenta el eneatipo básico y su ala correspondiente, sino los dos eneatipos correspondientes a las direcciones de las flechas conectadas con su eneatipo básico en el Eneagrama. Los rasgos de los cuatro eneatipos pueden mezclarse en su personalidad global, proponiendo un marco más amplio y acorde a la realidad. Tomando como ejemplo un eneatipo 1, es muy difícil identificarse completamente con él: cualquier eneatipo 1 posee un ala 9 ó 2, así como un movimiento hacia el 4 y otro hacia el 7, que juegan un papel importante en la personalidad global.

A través del test del Eneagrama es posible dibujar un mapa completo de nuestra personalidad, teniendo en cuenta que el resto de eneatipos influyen en nuestra personalidad global.

20.2-Situación en el Eneagrama

El eneatipo 1, junto a los eneatipos 8 y 9, conforma el trío visceral, caracterizado por la importancia que otorgan al momento presente, de carácter relevante.

Contrariamente, el trío emocional (eneatipos 2, 3 y 4) otorga más importancia al pasado y a los sentimientos, así como el trío mental o racional (eneatipos 5, 6 y 7) prioriza las consecuencias de la conducta en un futuro.

A grandes rasgos, el eneatipo 1 maneja sus energías de un modo introvertido (eneatipos 1, 4 y 5), teniendo en cuenta su mundo interno y las necesidades concretas. Contrariamente, otros eneatipos obran de manera extrovertida (eneatipos 2, 7 y 8), centrando su atención en el entorno y las personas que le rodean, o bien de un modo intermedio (eneatipos 3, 6 y 9), en un intento de conciliar ambas tendencias y sin desarrollar ninguna especialmente.

La personalidad global del eneatipo 1 puede estar influenciada de un modo notable por su ala (9 ó 2), así como por sus posibles saltos al eneatipo 7 y al eneatipo 4.

20.3-Hábitos

El eneatipo 1, caracterizado por su orientación perfeccionista, puede mostrar los siguientes hábitos:

Correcto, educado, estricto, idealista, moralista y rígido.
Fuerte apego a las reglas, leyes y normas.
Vehemente, inflexible, híper crítico y exigente.
Justiciero, contenido y reprimido.
Obcecado y celoso.
Severo.

20.4-La Ira Como Pasión

Según la RAE, la ira se define como una pasión del alma que causa indignación y enojo, un apetito o deseo de venganza.

La Ira, al contrario de lo que pudiera pensarse, puede llegar a ser la menos visible de las nueve pasiones contempladas en el Eneagrama. Así, la característica fundamental del eneatipo 1 es precisamente la represión de su ira, actitud que lo conduce a que ésta aflore en una forma de perfeccionismo. El eneatipo 1 no acostumbra a mostrar abiertamente su ira: eso supone ser imperfecto, lo que implica una actitud de oposición a la realidad, que considera imperfecta y mejorable.

La pasión del eneatipo 1 es la ira o cólera, en todas sus variantes: irritación, frustración, insatisfacción, resentimiento, impaciencia, intolerancia y rencor.

En su afán por corregir el mundo, el eneatipo 1 es como un dragón que escupe fuego, con mucha educación. Su fuego puede ser santificador y purificador, o acaso infernal y castigador como la inquisición.

La ética es vital para el eneatipo 1, que se ve a sí mismo como justo y piadoso. Existe una notable tendencia a enjuiciar y ser crítico, tanto consigo mismo como con los demás, de modo que su perfeccionismo puede orientarse a los demás o a sí mismo.

El eneatipo 1 se siente agobiado por su perfeccionismo, pero parece incapaz de remediarlo. Es como si estuviera poseído por la voz de un «cruzado» interior. Cuando permanece absolutamente tomado por su ego, distingue muy poco entre él mismo y la voz, serena e implacable.

La ira contenida tensa su expresión; aprieta sus dientes para disimular su insatisfacción y enmascarar la ira, que le produce malestar y disgusto, porque le hace dar una imagen demasiado humana e imperfecta, mostrando y somatizando su insatisfacción a través de la tensión en su rostro y el tono de su voz.

Su elevado nivel ético y de comportamiento, con las exigentes expectativas que abriga respecto de sí mismo y los demás, le hace percibir con rapidez, sufriendo la diferencia entre el ideal y la realidad. A pesar de todos sus esfuerzos e incansable trabajo, la realidad y las relaciones continúan siendo imperfectas.

20.5-La Ira Como Excusa

Al igual que un súper héroe, siente la obligación moral de proteger a los indefensos; el eneatipo 1 posee la creencia arraigada de que el mundo es imperfecto, y el origen de su mal funcionamiento radica en obrar de modo incorrecto. Atendiendo a esta razón, se pone manos a la obra en un intento de arreglar todo cuanto parece erróneo, a pesar incluso de los desperfectos y daños colaterales derivados del logro de su objetivo.

El eneatipo 1 se siente impulsado por las buenas intenciones y unos elevados valores éticos. Fomentar un mundo perfecto es una noble causa para llegar a sentirse orgulloso, cumpliendo las reglas y esforzándose en ser más bueno y educado que el resto.

Podría afirmarse que el eneatipo 1 aspira a una especie de «santidad», virtud inalcanzable desde la inexistencia de una perfección absoluta.

Los juicios del eneatipo 1 sobre lo bueno o malo son relativos y varían en función de la idiosincrasia y la cultura en la que se desenvuelve. Desnudarse en público puede ser considerado como una herejía para un eneatipo 1, quedando justificado en el caso una mujer feminista que marcha desnuda en defensa de los derechos de la mujer. Sin embargo y a pesar de las diferencias, ambos comparten su pasión extrema por defender lo que consideran correcto.

El eneatipo 1 obra de acuerdo a sus buenas intenciones, sin caer en la cuenta del tormento y hostigamiento que pueda llegar a ocasionar. A pesar de su mente rígida, tan sólo intenta obrar de un modo correcto.

20.6-Manifestación de la Ira

El eneatipo 1 es como una olla a presión que nunca estalla, cuya rabia, contenida y controlada, puede manifestarse bajo diversas formas:

Superioridad: la irritación ante las limitaciones ajenas puede suponer actitudes de superioridad profesional, estética, intelectual o de comportamiento.

Crítica: constante inclinación a detectar instintivamente los errores y los aspectos negativos de las personas, así como a puntualizar sistemáticamente las cosas que no funcionan.

Perfeccionismo: excesiva preocupación por los detalles, debida a su obediencia a normas y autoridades abstractas. Obsesión por la mediocridad e impaciencia consigo mismo y con los demás.

Moralismo y ética: tendencia a imponer los propios criterios y juicios, adoptando un tono de sermón y de reprimenda en relación a los comportamientos considerados erróneos, degenerando a menudo en actitudes culpabilizadoras.

Supercontrol: tendencia a la rigidez y a la falta de espontaneidad. La tensión provocada puede dificultar la distensión, perturbar el sueño, complicar la digestión y originar úlceras o gastritis, etc.

20.7-Comportamiento y Posibles Actitudes

El eneatipo 1 puede adoptar los siguientes comportamientos y actitudes:

Metódico y organizado, aparentemente tranquilo, productivo y trabajador.

Perfeccionista.

Crítico de sí mismo y de los demás.

Contemplación del entorno a través de un juicio constante de incompetencia, falta de compromiso, inmoralidad, escasez de organización, poca educación, malos modales, desacato a las normas, faltas de ortografía y sintaxis, etc., destacando la falta de valores.

Convencido de que existe una sola forma correcta.

La conducta, el comportamiento y las actitudes ajenas suelen ser el blanco de sus intentos por enmendar las cosas.

Intolerancia hacia aquello que se percibe como incorrecto, deseando arreglarlo y corregirlo: la gente que cruza la calzada con el semáforo en rojo, la alcantarilla deteriorada en la acera de una calle… Actitudes y situaciones así le molestan especialmente.
Se siente éticamente superior.

Tendencia a sermonear gratuitamente (al igual que el eneatipo 2), aduciendo hacerlo en beneficio ajeno, sintiéndose impulsado a discutir sobre puntos de vista políticos, religiosos, música, arte, etc., con una marcada tendencia a manifestar su malestar cuando estima que te has pasado de la raya. En este intento perfeccionista predica, opina, aconseja, sermonea e intenta convertir a los demás acerca de cómo deberían ser.

Con frecuencia utiliza términos como «debo» o «tengo que».
Puede ser un héroe moral, con una excelente capacidad crítica.

Normalmente fue un niño bueno que aprendió a portarse bien, a ser responsable y a hacer lo correcto, controlándose con severidad.

Trabajador recto, independiente y perfecto.

Insatisfacción continua: ningún rostro es suficientemente bello, ninguna habitación está suficientemente limpia, ninguna melodía es demasiado hermosa.

Contraposición a las cosas como están.

A menudo muestra intolerancia a la mentira, incluyendo la de carácter piadoso. La verdad siempre es preferible a la mentira, incluso cuando es cruda e hiriente. No duda en decirte lo que no desees escuchar o lo que los otros no se atrevan a decirte.

Cree luchar para mejorar algo.

Parece alguien muy justo, de gran moralidad.

A menudo existe una pobre aceptación del otro; la conclusión final de sus actos termina derivando en una posición de inferioridad para sus semejantes, que no alcanzan el modelo ideal.

Intento de acomodar la pareja a sus propias expectativas.

Ama o amo de casa «perfecto y pulcro».

Puritano.

A menudo posee una voz firme y un pronunciado mentón.

Corrige lo que está mal, fijándose en la mancha y no en el traje.
Se dedica a causas benéficas.

Exigente y estricto.

Exige respeto.

Pide justicia.

A menudo tiene miedo a dejarse llevar, a la pasión.

rafaelmoriel.com

Porte aristocrático.

Ordenado y limpio.

La palabra que lo define es «control».

Realista, de convicciones fuertes, prejuicioso y rígido.

El deber está por encima del placer.

A menudo muestra especial interés por los reglamentos y las normas.

Frecuentemente expresa compulsivamente cómo deberían hacerse las cosas.

Echa mano de la razón, presentando una innata abogacía.

Obligación de perfeccionar el mundo de acuerdo a sus propios parámetros.

Juez del bien y del mal, lo correcto y lo incorrecto, lo moral y lo amoral.

Su perfeccionismo supone una incapacidad de reconocer la ira y el enojo contenidos.

Capacidad extraordinaria para detectar todo aquello que está mal. Tendencia innata a creer que siempre tiene la razón, pudiendo resultar imposible de convencer cuando cree estar en posesión de la verdad.

En su necesidad extrema de ser visto como bueno y justo, puede presentar problemas para aceptar las críticas ajenas, llegando a mostrarse intolerante con la tristeza, la hostilidad, la depresión o las quejas de carácter victimista, molestándole particularmente aquellas personas que muestran los aspectos más oscuros de la naturaleza humana, puesto que constituyen deseos que no puede admitir en su interior.

20.8-Infancia

A menudo, el eneatipo 1 creyó entender durante su infancia que sólo merece ser amado quien resulta perfecto. Así, desde su temprana edad inicia el camino para ser bueno, impoluto, limpio, correcto e inmaculado.

Desde una temprana edad puede convertirse en crítico de sí mismo y de los demás (compañeros de colegio, profesores, hermanos, padres, etc.).

En ocasiones relata su infancia como tortuosa, admitiendo severos castigos y duras críticas, que en el peor de los casos derivaron en la humillación: aquí podría encontrarse la razón de su perfeccionismo y meticulosidad; su carácter auto disciplinado, cumplidor e hipercrítico, oculto tras el enorme sacrificio y control interno que su esfuerzo conlleva, la hace poner todo su empeño para escapar del castigo, en un intento de resultar benévolo y correcto. A menudo proviene de hogares con padres estrictos que impartieron una educación severa y puritana al más puro estilo del eneatipo 1 o, por el contrario, pudo criarse en un hogar caótico donde llegó a sentirse responsable de organizar el caos existente.

20.9-Liderazgo

El tipo de liderazgo que es capaz de ejercer el eneatipo 1 es el de un organizador nato con capacidades para ello.

Normalmente es una persona muy activa y trabajadora.

Pionero, pedagógico y con liderazgo de ejecución.

Se siente guía, mostrando el camino a otros y tomando iniciativas con naturalidad.

En su esencia, aspira a vivir por unos valores, por los que sería capaz de dar su vida.

20.10-Subtipos

Los tres subtipos contemplados en el Eneagrama se perfilan del siguiente modo:

Subtipo Conservación (Preocupación)

Preocupación.

Su pasión satélite es la preocupación, en el sentido de que cualquier error puede suponer una catástrofe inminente.

Existe una necesidad neurótica de preocuparse, aunque todo esté bien, así como una exagerada previsión de tenerlo todo bajo control.

Justificación propia: «me preocupo, luego existo». Su exagerada necesidad de previsión está motivada por el miedo ante una amenaza para su propia supervivencia.

Denominado el «perfeccionista», es el más cálido y amigable de los tres subtipos, siendo asimismo el más reprimido. Podría decirse que es el típico «niño bueno».

Resultado de su ansiedad al preocuparse por todo y por todos, sufre y hace sufrir, en un intento por hacerlo todo de un modo perfecto. A menudo resulta obsesivo por el orden de las cosas, mostrando una incapacidad de delegar tareas, por miedo a su mala realización.

Habitualmente funciona a través de dicotomías de «todo» o «nada» y es quien chequea tres veces el apagado del gas o el cierre de la puerta con llave.

El subtipo de conservación del eneatipo 1 puede confundirse con el eneatipo 6, si bien se muestra mucho más seguro de sí mismo, actuando primero y pensando después, al contrario que el eneatipo 6, que puede llegar a bloquear sus acciones a causa de un exceso de pensamiento.

Transforma su ira en buena voluntad. Dentro de los tres subtipos correspondientes al eneatipo 1, es el emocional.

Subtipo Social (Superioridad)

Rigidez, superioridad, inadaptabilidad.

Denominado «el perfecto». La actitud del subtipo social es oponerse siempre al mundo, de cualquier modo, son la sensación de que él es un líder. Su actitud consiste en criticar siempre los errores ajenos. Es el mental de los tres subtipos, siendo una gran intelectual.

Existe una necesidad neurótica de tener la razón: «yo tengo razón y tú estás equivocado, por lo que tengo más derecho a dominar la situación».

Justificación propia: «tengo razón, luego existo».

Su pasión satélite es la superioridad. Denominado el «perfecto», su extrema rigidez le hace pensar que lo hace todo mejor que los demás, permaneciendo en un plano superior al resto. Es el más inflexible y ortodoxo de los tres subtipos, estando convencido de que el mundo funcionaría mejor si todos pensasen y actuasen como él, acaso como si perteneciera a un orden social superior. Habitualmente es maestro o reformador social, con tendencia a moralizar.

De los tres subtipos, es quien manifiesta el síndrome del cruzado. En lugar de responsabilizarse de sus deseos (yo quiero), afirma (tú debes). Siempre es un inadaptado, de algún modo, puesto que cuestiona todo aquello a su alrededor, aunque no sepa muy bien cómo funciona, o de qué va.

Si bien se admite el carácter británico como representativo del carácter básico eneatipo 1, el porte aristocrático de lord o lady encajarían perfectamente en el subtipo social.

El eneatipo 1 social sería el arquetipo de predicador con carácter reformador, que viaja y sermonea, largando discursos de consenso a través de los cuales intenta convencer mediante la aplicación del sentido común. Es capaz de razonar sus motivos y exposiciones de un modo extremadamente brillante.

rafaelmoriel.com

Al igual que todos los subtipos del eneatipo 1, es bastante dual con respecto a lo que dice y lo que realmente hace.

Subtipo Sexual (Vehemencia)

Vehemencia, celo.

Denominado el «perfeccionador», manifiesta una necesidad neurótica de hacer las cosas a través de impulsos muy fogosos. Pasión por la justicia y por reformar el mundo.

Justificación propia: «domino, luego existo».

Su pasión satélite es la vehemencia. Denominado el «perfeccionador», es el único de los tres subtipos que se permite mostrar su ira abiertamente. El «deseo» en el subtipo sexual es su mayor enemigo, entregándose a éste tras no lograr relajarse, y haciendo que su ira sea absolutamente desproporcionada y sin ningún tipo de control. Incluso parece como su a menudo deseara perder el control, de un modo inconsciente.

Nunca está satisfecho con lo que hace: la carne podría haber estado más en su punto, el pescado mejor condimentado, la raya del pantalón parece un poco torcida…

Habitualmente transfiere su insatisfacción por no alcanzar nunca el ideal, a personas con las que trabaja o convive, que siempre podrían haberlo hecho un poco mejor, con más esfuerzo y mejor voluntad. Mantiene altas expectativas respecto de su pareja, idealizándola y manteniendo una constante vigilancia por temor a perderla.

El subtipo sexual podría englobarse en el dicho: «a Dios rogando, y con el mazo dando». Es el contra pasional de los tres subtipos, ya que en ocasiones no parece un eneatipo 1, que normalmente es más retenido, y suele confundirse con el eneatipo 8. Puede existir un descontrol en la sexualidad, o acaso una actitud grosera y agresiva en cualquier caso. Este subtipo se cumple especialmente la característica de mostrarse más duro e inflexible con las personas a las que más ama.

Dentro de los tres subtipos correspondientes al eneatipo 1, es el de carácter instintivo, orientado claramente a la acción.

20.11-Integración

El eneatipo 1 puede lograr la serenidad y la integración practicando las siguientes actitudes:

Educarse en la afirmación de lo bueno y positivo de uno mismo y los demás, sin atormentarse por lo incompleto e imperfecto.

Adquirir consciencia de que existen diferentes modos de hacer las cosas.

Transformar la cólera en energía positiva, sin necesidad de juzgarla o de justificarla, sino canalizándola. Por ejemplo, practicando deporte.

Tener paciencia y apreciar los pequeños esfuerzos sin lamentarse por los errores cometidos o las oportunidades perdidas.

Aprender a reírse de uno mismo, desdramatizando los propios desaciertos y relativizando la angustia.

Valorar la importancia de las cosas objetivamente, sin hacer una montaña de un grano de arena.

Consolarse con la idea de que la salvación del mundo no depende de los propios esfuerzos y confiar en la providencia.

Convivir de un modo creativo con las propias limitaciones e imperfecciones.

Mediante la práctica de dichas actitudes, el eneatipo 1 logra progresar en los siguientes aspectos:

Se relaja y aprende a disfrutar de la vida, confiando en sí mismo y en la realidad, con una actitud positiva ante la vida, que no siempre es desagradable y seria.

Es capaz de encontrar placer, sin hundirse en la ciénaga de la sensualidad. Es posible estar satisfecho y realizarse sin necesidad de comportarse de un modo irresponsable o egoísta.

Resta importancia a la perfección innecesaria, progresando de la obligación al entusiasmo y de la represión a una libertad de acción, mostrándose más relajado y productivo, siendo capaz de expresar sus sentimientos espontáneamente.

Apertura de su sensibilidad hacia el mundo en general, comportándose de un modo más juguetón y siendo mucho más feliz.

Disfruta de los placeres de la vida, perdiendo la obligación de mejorarlo todo. Aprecia la naturaleza, la belleza, las artes o simplemente los logros ajenos, que aun siendo imperfectos, suponen valiosas contribuciones.

Adquiere una mayor flexibilidad sin comprometer los valores genuinos, dejando de predicar desde lo abstracto y viviendo la vida, simplemente.

20.12-Enfermedad y Desintegración

El Eneagrama no está orientado a las distorsiones de la personalidad y patologías mentales. En su patología o enfermedad, el eneatipo 1 puede padecer un trastorno obsesivo compulsivo, depresión, trastornos alimenticios, culpabilidad paralizadora, comportamientos autodestructivos, paranoia y celos patológicos.

La imposibilidad de reconocer que se equivoca le conduce a la absoluta inflexibilidad, percibiendo el mundo en blanco y negro, sin término medio posible. Aversión hacia los humanos con intolerancia a las creencias y conductas ajenas.

Su represión y excesivo auto control puede llegar a desencadenar dilemas como «monja de día y puta de noche»: una vida pública correcta y de respeto hacia las normas y procedimientos, así como otra vida privada en la que expresar sus fantasías prohibidas, desahogando su presión a través de conductas sexuales promiscuas, abuso de sustancias o accesos de ira, llevar dos vidas paralelas con dos familias distintas, actitudes de salvar a los infieles con la hoguera como en el caso de la inquisición, etc. Vengador y castigador sin compasión alguna.

Pensamientos obsesivos, obsesiones y compulsiones, resultado de controlarse y no actuar directamente. Tendencia a ser compulsivamente limpio y ordenado: todo debe estar limpio y en su sitio, acomodando los condimentos por orden alfabético, etc. Anorexia, bulimia, comportamientos sexuales compulsivos o simplemente hacer lo contrario de lo que predica. Corrupción.

La tendencia obsesiva puede ser muy profunda y supone un intento por limpiarse y resultar puro, como medio para expiar su profunda culpa, sus imperfecciones o su odio a los demás. Su preocupación por la limpieza revela una sensación interna de suciedad, así como su preocupación por el orden supone defenderse del caos interno resultante de las energías no aceptadas. Posibilidad de suicidio.

rafaelmoriel.com

20.13-Ficha Básica del Eneatipo 1

Pasión: la ira.
Centro: instintivo.
Fijación: resentimiento.
Visión de sí mismo: «yo reformo».
Estructura de temor (lo que evita): furia abierta.
Estructura del deseo: sentirse perfecto. Degenera en un perfeccionismo crítico.
Trampa o justificación: perfección.
Calificativos: El perfeccionista. El Maestro. El Reformador. El Cruzado. El Moralista. El Organizador.
Fisonomía: porte aristocrático, postura erguida, cabeza en alto, mirada fija. Mandíbula apretada, músculos en tensión, ceño fruncido, dedo acusador. Limpio, pulcro, ropa bien planchada y bien coordinada. Voz modulada.
Parte del cuerpo predominante: extremidades inferiores.
Famosos: Mahatma Gandi. Ernesto Guevara. Margaret Thatcher. Katherine Hepburn. Nicole Kidman. Jodie Foster. Jack Shephard y Juliet Burke (de la serie televisiva «Lost»). Juana De Arco. Srta Rottenmayer (de los dibujos animados «Heidi»). Hillary Clinton. Jane Fonda. Charles Dickens. Harrison Ford.

20.14-George Harrison Como Eneatipo 1 del Eneagrama

George Harrison nació en el seno de una familia católica de Liverpool, el 25-2-1943.

A los once años conoce a Paul McCartney en el instituto. Poco después ingresa en un hospital, aquejado de nefritis, y durante su convalecencia compra su primera guitarra, de segunda mano.

Su primera formación fue The Rebels, en la que tocaba junto a su hermano Peter y Arthur Kelly, destacando entre sus influencias a Elvis Presley, Little Richard, Buddy Holly, etc. Tras escucharle, Paul McCartney le propone unirse a la formación que lideraba junto a Lennon, posteriormente conocida como The Beatles.

Debido a su corta edad, inicialmente estuvo mal considerado entre sus compañeros de grupo. Todavía no era un guitarrista virtuoso pero Lennon le aceptó porque sabía tocar más acordes que él. Con el tiempo, Harrison llegaría a ser un guitarrista fluido y creativo, siendo guitarrista principal y rítmico de los Beatles. Lennon confiaba plenamente en su talento como guitarrista, admitiendo que gracias a su esfuerzo y técnica lograron dar forma a la mayoría de composiciones que elevaron hasta la leyenda a los Beatles.

George Harrison fue el Beatle tranquilo y silencioso, debido a su carácter introspectivo y su tendencia a mantenerse en un segundo plano.

Durante 1965, David Crosby le introdujo en la cultura india, a través de la música de Ravi Shankar. George Harrison quedó fascinado con aquel sonido y fue uno de los primeros músicos en introducir el sitar en un álbum de estudio (Rubber Soul).

Tras la disolución de los Beatles en 1970, emprendió una exitosa carrera musical.

A mediados de los 90 Harrison libró su primera batalla contra el cáncer. En diciembre de 1999 sobrevivió a un ataque, enfrentándose junto a su mujer a un intruso que decía estar encomendado a matarle, por orden de Dios. Harrison quedó traumatizado, tras los cual limitó aún más sus apariciones públicas.

El cáncer reaparece en 2001 y Harrison fallece finalmente el 29-11-2001, a los 58 años. Tras su muerte, la familia emitió el siguiente comunicado: «abandonó este mundo como vivió: consciente de Dios, sin miedo a la muerte y en paz, rodeado de familiares y amigos».

La prestigiosa revista Rolling Stone lo situó en 2003 en el puesto 21 de los mejores guitarristas de todos los tiempos.

21-Eneatipo Dos (2): el Ayudador

«Soy cariñoso, servicial y comprensivo. Tengo un don especial para tratar con la gente. Detecto mejor que nadie las necesidades de los demás. Las relaciones son lo más importante para mí. Me encanta ser el amigo «especial» y sentirme necesitado. Puedo ser manipulador. Tengo un «yo» múltiple. No sé decir «no». Me adapto fácilmente a las situaciones y a las personas. Me cuesta trabajo reconocer mis propias necesidades».

21.1-Consideraciones Importantes

Sea cual fuere su eneatipo básico, los eneatipos en las direcciones señaladas por las flechas influyen en su personalidad global, permitiendo ambos movimientos, así como la integración y la desintegración en ambos casos. Para obtener una respuesta más acorde a la misma, no sólo debe tomar en cuenta el eneatipo básico y su ala correspondiente, sino los dos eneatipos correspondientes a las direcciones de las flechas conectadas con su eneatipo básico en el Eneagrama. Los rasgos de los cuatro eneatipos pueden mezclarse en su personalidad global, proponiendo un marco más amplio y acorde a la realidad. Tomando como ejemplo un eneatipo 2, es muy difícil identificarse completamente con él: cualquier eneatipo 2 posee un ala 1 ó 3, así como un movimiento hacia el 8 y otro hacia el 4, que juegan un papel importante en la personalidad global.

A través del test del Eneagrama es posible dibujar un mapa completo de nuestra personalidad, teniendo en cuenta que el resto de eneatipos influyen en nuestra personalidad global.

21.2-Situación en el Eneagrama

El eneatipo 2, junto a los eneatipos 3 y 4, conforma el trío emocional, caracterizado por la importancia otorgada al pasado y a los sentimientos en general.

Contrariamente, el trío visceral (eneatipos 8, 9 y 1) otorga mayor importancia al momento actual, de carácter relevante, así como el trío mental o racional (eneatipos 5, 6 y 7) prioriza las consecuencias de la conducta en un futuro.

rafaelmoriel.com

A grandes rasgos, el eneatipo 2 maneja sus energías de un modo extrovertido (eneatipos 2, 7 y 8), centrando su atención en el entorno y las personas que le rodean. Contrariamente, otros eneatipos obran de manera introvertida (eneatipos 1, 4 y 5), atendiendo primordialmente a su mundo interno y a sus necesidades, o bien de un modo intermedio (eneatipos 3, 6 y 9), en un intento de conciliar ambas tendencias y sin desarrollar ninguna especialmente.

La personalidad global del eneatipo 2 puede estar influenciada de un modo notable por su ala (1 ó 3), así como por sus posibles saltos al eneatipo 4 y al eneatipo 8.

21.3-Hábitos

El eneatipo 2, caracterizado por su orientación generosa, puede mostrar los siguientes hábitos:

Simpático. Impulsivo, intenso, expresivo y espontáneo.
Exagerado y enérgico.
Generoso.
Histriónico y seductor.
Extrovertido, efusivo y emotivo.
Dispuesto. Ayudador.
Sexual y altanero.
Teatral y romántico. Auto indulgente.
Invasivo, demandante. Despótico y hedonista.

21.4-El Orgullo Como Pasión

Según la RAE, el orgullo se define como la arrogancia, vanidad o exceso de la propia estimación, en ocasiones disimulable por nacer de causas nobles y virtuosas.

Sorprendentemente, el orgullo y la soberbia provienen de personas que a primera vista resultan encantadoras y están siempre dispuestas a ayudar y cubrir las necesidades ajenas.

El orgullo puede explicarse desde el ansia personal por ser necesitado, amado y alabado como alguien muy especial.

Habitualmente, la opinión que el eneatipo 2 tiene de sí mismo es tan buena que encaja en la sobre estima. Se siente muy bien consigo mismo, exaltando su propia valía y atractivo. Con frecuencia practica la jactancia, llegando incluso a interpretar un papel de princesa o príncipe que demanda y exige privilegios para ser el centro de atención, pudiendo llegar a desarrollar una personalidad muy histriónica y teatral.

Su modo de expresión e intensidad pueden resultar muy exagerados, actitud que siempre justifica desde su emocionalidad.

Habitualmente se comporta con desfachatez y descaro (cara dura), creyéndose con derecho a alcanzar cualquier cosa que se proponga, para lo cual hace uso de su capacidad seductora, reservando su arrogancia por si ésta no fuera suficiente.

Su arma más potente es la seducción, presente en la mayoría de sus actitudes y comportamientos.

Más allá de la generosidad y atención mostradas por el eneatipo 2, su servicio prestado conlleva siempre un interés oculto, un precio a pagar, que jamás reconoce. Considerado un experto en amores, el eneatipo 2 practica con frecuencia un amor de conveniencia.

El eneatipo 2 adula tan sólo a quien satisface su orgullo y considera importante o digno de su amor, despreciando con altiva superioridad a quienes considera insignificantes para sus propósitos. Su simpatía y entrega incondicionales son, por tanto, de carácter selectivo y especifico, siendo capaz de practicar el halago, o acaso el desprecio y la crueldad.

Aunque aparentemente practica el arte del amor y no la guerra, su lema real estaría más próximo al amor y la guerra, ya que en la medida en que valora el hecho de ser amado como ser complacido, la persona tierna y afectuosa puede transformarse en una fiera si no es complacida o no se siente amada y mimada, adoptando un comportamiento similar al de un niño malcriado.

Su absoluta falta de autocrítica le hace sentirse magnífico, superior, digno de ser considerado importante.

21.5-El Orgullo Como Excusa

El eneatipo 2 se exige a sí mismo (o al menos se esfuerza en mostrarlo) ser compasivo, seductor, encantador y considerado, comprensivo e interesado en el sufrimiento ajeno, pretendiendo, como un falso mártir, anteponer la salvación ajena a la suya propia.

Desde su exagerada emocionalidad todo lo suyo le parece permisible, en el nombre del amor. Esta actitud hace que sobrepase con frecuencia los límites, propios y ajenos. Para el eneatipo 2 el mundo no es como es, sino cómo lo siente.

Su benévola imagen de bondad y generosidad termina aflorando más tarde o más temprano en una visión egocéntrica y manipuladora: invasiva, caprichosa e interesada, vanidosa y emocionalmente volátil, pasando del amor al odio en apenas un segundo.

En su acentuada sobre estima y el reconocimiento propio de sus innumerables cualidades, aduce practicar un comportamiento desinteresado, complaciente y empático, sensible y pendiente a las necesidades ajenas, creyéndose un especialista del amor.

El eneatipo 2 se engaña a sí mismo, argumentando su entrega y ayuda desinteresada como un acto de puro altruismo, negando que a través del mismo pretende obtener algo a cambio.

Su objetivo principal es la conquista de aquellas personas que le ayuden a convertirse en alguien importante e imprescindible en sus vidas.

Su orgullo le impide pedir abiertamente algo, puesto que este hecho pondría al descubierto su necesidad real, conectando con la carencia; es por ello que no reconoce sus necesidades, por lo que acostumbra a precipitarse en su entrega, especialmente a través del afecto, esperando ser correspondido a cambio.

Cuando el orgullo y la soberbia afloran, lo hacen a través de una actitud defensiva; si alguien sugiere que el eneatipo 2 tiene necesidades, carencias y desgracias que no reconoce, puede mostrarse opulento en una fijación de falsa abundancia.

21.6-Manifestación del Orgullo

El orgullo, que impide la capacidad de introspección y la aceptación global, puede manifestarse a través de las siguientes actitudes:

Hipervaloración: tendencia a sobrevalorar los propios méritos y a creer que puede afrontarse cualquier problema, contando con las propias capacidades para administrar las crisis y acudir en auxilio del prójimo. Existe una gran necesidad de sentirse necesario e indispensable en la vida ajena.

Hipersensibilidad emotiva: excesiva sensibilidad y ansiedad frente a las críticas o indicios de ser rechazado. Cuando se siente herido, se cierra en sí mismo y se convierte en agresivo. De vez en cuando aparece la envidia, como expresión de su necesidad de mantener dependientes a las personas de su entorno.

Hedonismo: búsqueda del placer y de toda clase de gratificaciones, incluidas las culinarias, para compensar la falta de afecto y de ternura.

Seducción: empleo de técnicas, verbales o no, para atraer la atención de las personas que despiertan su interés o admiración.

Proyección: método recurrente de atribuir a los demás los propios sentimientos y necesidades, como justificación para honrarles mediante el propio servicio y disponibilidad.

rafaelmoriel.com

21.7-Comportamiento y Posibles Actitudes

El eneatipo 2 se siente una gran persona, capaz de una entrega absoluta hacia los demás y merecedora de recibir todo lo mejor a cambio. Su orgullo puede manifestarse bajo diversas formas:

Carácter predominantemente femenino, caracterizado por una gran necesidad de afecto y aprobación: ¿les pareceré simpática? Actitud alegre, graciosa e incluso alocada.

Necesidad de dar y ayudar, proyectando al mundo una imagen de dador de amor. Atraído por las emociones y las caricias, necesita gente con quien contactar. Se trata de dar para recibir a cambio, estar en el otro para llamar su atención.

Autoimagen excepcional: dotado de gracia, talento, amor, generosidad, altruismo, sacrificio por los demás y una capacidad de entrega sin límites. Puede hacer más, lograr más, sentir más, cuidar más, y así sucesivamente.

Su orgullo está basado en una autoimagen engreída y no en quien es realmente, contemplando tan sólo su lado más positivo y encantador.

Exige aprobación y afecto. Busca ser amado y apreciado, volviéndose indispensable para otras personas. Su comportamiento resulta, a menudo, muy manipulador.

En su intento por resultar maravilloso, hace todo lo necesario para mantener dicha imagen. En su ansia por ser necesitado y amado, es capaz de cualquier cosa para resultar indispensable en la vida de las personas que ama o de quienes pretende llamar su atención.

Entregado a satisfacer las necesidades de los demás. Su pasión orgullosa le hace sentirse con la superioridad necesaria para entrometerse en las vidas ajenas, llegando a traspasar los límites, propios y ajenos.

Necesita que lo necesiten, sintiendo orgullo por ser necesitado e indispensable.

Creación de relaciones de poder a través del halago, prometiendo más de lo que en realidad cumple.

Habitualmente generoso con sus objetos y recursos, su tiempo e incluso su cuerpo.

Miedo al rechazo. Para evitarlo utiliza la adulación y la seducción, sus principales armas, hasta lograr la aprobación ajena.

Tendencia a equiparar su merecimiento de amor y su atractivo, a través del número de conquistas sexuales realizadas. Frecuentemente, utiliza el sexo más bien para colmar su necesidad de atención que para disfrutarlo como una expresión de afecto.

Se guía por el placer. Comportamiento posesivo y controlador con tendencia a la intromisión en la vida ajena. No acepta las restricciones con facilidad y puede ser un invasor activo sin respetar los límites ajenos.

Capacidad innata para conocer aspectos de otras personas, incluso nada más conocerlas. Interés por la gente que quiere o a la que desea agradar: ropa apropiada, comida favorita, hobbies, etc.

A menudo pregunta por cuestiones personales como la situación económica, la salud, la vida sexual, etc., a personas que acaba de conocer.

Creencia de que las personas a su alrededor no podrían vivir sin él.

Confunde libertad y libertinaje. Se rebela ante la disciplina, la monotonía, la rigidez y la corrección, la puntualidad, el orden y lo previsible, detestando lo corriente y rutinario.

Ofrece consejos y opiniones gratuitas. Su atención e interés mostrado puede conducir a un grado de intimidad inesperado e incómodo.

Se encuentra cómodo adulando al prójimo, como medio para un fin concreto, aumentando así su banco de favores.

Emotividad a flor de piel: intensidad, emociones dramáticas y una sexualidad manifiesta en su apariencia y comportamiento seductor. Emocionalmente expresivo, exagerado y efusivo, aunque realmente no muy en contacto con lo que siente.

La seducción se encuentra presente en sus acciones, magnetizando con su carisma, su dulzura y atractivo físico, incluso a través de un espíritu maternal. La máxima expresión de su seducción consiste en una capacidad asombrosa de ofrecer lo que la otra persona cree que necesita, adulándola al mismo tiempo.

Parece inflado, lleno de sí, otorgándose una importancia personal que en ocasiones le hace comportarse como si perteneciera a la realeza o fuese digno de admiración y elogio. A menudo se comporta como si tuviera mucho dinero, aun estando arruinado.

El eneatipo 2 es un carácter muy femenino que en su máxima expresión puede llegar a demandar atención de un modo constante, adoptando un comportamiento de «princesita». En su relación amorosa, existe la posibilidad de resultar una «mujer fatal», que curiosamente seduce con total inocencia: «ya sé que soy maravillosa, pero no lo hago queriendo». La proporción entre mujeres y hombres supera las 5 mujeres por cada hombre eneatipo 2.

21.8-Infancia

A menudo, el eneatipo 2 obtuvo amor y seguridad durante su infancia, complaciendo las necesidades de los demás. Debido a ello es un carácter muy intuitivo para lograr captar las necesidades ajenas.

Desea ser amado por encima de todo, protegido e importante.

La persona orgullosa se siente tan maravillosa que no necesita exhibirse, pero requiere de una atención máxima; para ello utiliza la seducción, dándole a cada uno lo que desea.

21.9-Liderazgo

El liderazgo que es capaz de ejercer el eneatipo 2 es el de una persona servidora con una marcada capacidad innata para la entrega.

Se trata de un líder solidario capaz de trabajar por causas humanitarias, con una enorme capacidad de asistencia.

Es cálido y empático con los detalles del prójimo.

21.10-Subtipos

Los tres subtipos para el eneatipo 2 contemplados en el Eneagrama se perfilan del siguiente modo:

Subtipo Conservación (Privilegio)

Privilegio: «yo primero».

Dentro del eneatipo 2 es el contra pasional, puesto que es el que más necesita a los demás, en quienes termina despertando una atracción que obliga a todo el mundo a protegerles y nutrirles en todo momento. Dicha dependencia hace que este eneatipo no esté tan sobrado de sí mismo, como sucede con el resto de subtipos del eneatipo 2. Puede confundirse con el eneatipo 4 y el 6, y es el emocional de los tres subtipos.

Existe una necesidad neurótica de ser el centro de atención, a través de la seducción y la manipulación, con la finalidad de tener a todo el mundo a su disposición. Brillante, encantador, con sentido del humor y muy seductor.

Justificación propia: «me miman, luego existo». En lugar de ayudar, es ayudado.

Su pasión satélite es el privilegio, caracterizada por una actitud de «yo primero». Reclama un trato preferencial, esperando el mejor premio a cambio de los sacrificios realizados. Tras su fachada altruista, oculta su negativa a renunciar a nada, quejándose y culpabilizando a otros. Se trata de un carácter fundamentalmente femenino, y a menudo fue la princesita de la casa, formando parte de la solución de los problemas familiares. Su comportamiento parece, en ocasiones, orgulloso e infantil, más propio de una diva.

Puede ser infiel en el amor y en general, cuando ha conseguido su propósito y lo tiene seguro, es capaz de cambiar a otra cosa, como si fuese una araña que teje su tela en busca de otras presas.

Su apariencia física parece mucho más joven de lo que en realidad es: sus rasgos y su carácter son más infantiles que en el resto de subtipos, poseyendo un talento especial para convivir con los niños.

Apegado a su familia, puede llegar a enfermar por los demás. Caprichoso, padece terribles accesos de rabia si no se cumplen sus deseos, llegando a ser muy frío y cruel.

Muestra resistencia a convertirse en adulto, para conservar el privilegio de continuar siendo niño, con idea de que la vida debe ofrecerle unos resultados rápidos, sin apenas esfuerzo. Capaz de excederse en la comida o en los medicamentos, puede somatizar y padecer hipocondría.

Subtipo Social (Ambición)

Ambición social. Habitualmente es el poder detrás del poder.

Es el más orgulloso de los tres eneatipos. Dentro del eneatipo 2, se corresponde con el subtipo mental, lo cual lo convierte en una persona argumentativa y con mucha labia.

Existe una necesidad neurótica de ser importante para así obtener contactos, influencias y ventajas, de tal forma que normalmente es quien rodea al líder y todo cuanto conforma su liderazgo, dando permiso o no para que otros puedan acceder hasta él.

Justificación propia: «tengo poder, luego existo». Recluta gente para sobresalir y recibir reconocimiento. Es la secretaria de un gran jefe, la mujer de un presidente, la hermana que se gana al padre, de cualquier forma.

Su pasión satélite es la ambición, en el sentido de ser importante y reconocido socialmente. Habitualmente se rodea de gente importante, siendo el poder detrás del poder. Busca el reconocimiento de los grandes y poderosos y normalmente se desposa o empareja con alguien que asegure su estatus social. Su lema podría ser: «adórame y te daré el poder».

A menudo es capaz de hacer cualquier cosa por rodearse de amigos famosos y pregonarlo a los cuatro vientos, aunque tan sólo los haya visto en una ocasión. Puede ser muy injusto y cruel con quien no le haya alagado como cree merecer, retirando todo su apoyo y no dando «bola».

Sentido de omnipotencia (todo lo puede). Su orgullo no le permite escuchar las opiniones ajenas y cree saberlo todo.

Mantiene una coraza externa, siendo el más altivo y soberbio de los tres subtipos. Es el más ayudador de todos, tejiendo redes sociales para obtener bancos de favores: «hoy por ti, mañana por mí».

Habitualmente se confunde con el eneatipo 3, porque es más frío y calculador que el resto de subtipos, pudiendo ser más intelectual que estos (normalmente anti intelectuales), siendo capaz de cultivar talentos para acceder y ganarse a las personas.

Subtipo Sexual (Seducción / Agresión)

Seducción agresiva, conquista.

Existe una necesidad neurótica de seducir con pasión. En el subtipo sexual la seducción alcanza el máximo nivel posible, siendo, por tanto, el carácter más seductor de todo el Eneagrama.

Justificación propia: «conquisto, luego existo».

Su pasión satélite es la seducción agresiva, siendo un amante para quien todo gira alrededor de ésta. La conquista es el combustible de su ego. Necesita el contacto físico como las plantas el agua, siendo alguien muy erótico a nivel de besos, tacto, etc. A menudo se trata de personas muy bellas, y es un carácter fundamentalmente femenino.

Es el más libre y salvaje, con algo de animal felino. Dominante, se alimenta del deseo ajeno en un ansia por encontrar la unión romántica perfecta. Le llena de gozo sentirse deseado, sexual y erótico, transmitiendo su encanto durante todo el día, de la mañana a la noche. Es la mujer fatal, el Don Juan. Es prácticamente imposible competir con este eneatipo, en el terreno de la seducción, dejando tocados a quienes seduce y conquista.

Es muy generoso y desprendido en su ansia por ser deseado. Existe una compulsión por dar, acaso como que no le falta de nada, sintiendo que puede dar mucho.

El amor es el centro de su vida y en su nombre parece capaz de cualquier cosa. Son personas muy voluptuosas que pueden ser infieles.

Para este subtipo es inimaginable que alguien no pueda amarle o no sucumba a sus encantos. Se considera irresistible e incomparable.

A menudo parece obsesionado con el amor, para lo que no conoce límites ni fronteras. No acuden nunca al psicólogo pero si se hunden finalmente suelen quedar bastante lastimados.

Desea tener a sus amigos sólo para sí mismo, resultando celoso y posesivo. Muy manipulador, peligroso y controlador, a menudo se cansa de sus conquistas y busca otras nuevas. Castrador, en cuanto a que parece despertar un sentimiento de defecto en los demás, relacionado con la idea de que no están a su altura.

En su afán avasallador se comporta como un vampiro emocional: adulador, seductor, sutil y hábil, sus víctimas quedan secas por completo.

Dentro de los tres subtipos es el de carácter instintivo, orientado a la acción, cuya actitud puede llegar a ser muy agresiva.

21.11-Integración

El eneatipo 2 puede lograr su integración, practicando con humildad las siguientes actitudes:

Aceptar las propias limitaciones, necesidades y sentimientos.

Reconocer que las propias motivaciones, a la hora de ayudar a los demás, están a menudo mezcladas con exigencias personales de fondo.

Darse cuenta de que cuando estalla la cólera o el resentimiento, es porque hay necesidades reprimidas o insatisfechas que exigen ser atendidas.

Aprender a ser uno mismo, más que esforzarse en complacer a los demás.

Quererse, independientemente de la utilidad práctica que uno pueda suponer para el prójimo.

Dejarse querer por los demás, sin ceder a la necesidad de comprar o ganarse su afecto con el propio esfuerzo.

Alegrarse cuando las personas se hacen independientes y autosuficientes.

Encontrar espacios para estar a solas con uno mismo, como una gran oportunidad de profundizar interiormente.

Mediante la práctica de dichas actitudes, el eneatipo 2 logra progresar en los siguientes aspectos:

Contacta con sus sentimientos, especialmente los agresivos, percatándose de cómo es realmente, aceptando los sentimientos negativos tanto como los positivos.

Honestidad emocional, llegando a expresar toda la gama de emociones posibles.

Aceptación de sí mismo, sintiéndose querido por lo que es y no por lo que hace.

Proyección de sus más profundos sentimientos auténticos hacia formas creativas o artísticas.

Capacidad de profundización, intuyendo los abismos de la condición humana.

Cualquier cosa entregada a los demás es mucho más valiosa si se hace de un modo más genuino.

21.12-Enfermedad y Desintegración

El Eneagrama no está orientado a las distorsiones de la personalidad y patologías mentales. En su patología o enfermedad, el eneatipo 2 puede padecer trastorno histriónico, hipocondría, somatización, trastornos alimentarios, coacción, acoso sexual y comportamientos muy demandantes y soberbios.

Tendencia a desarrollar patrones adictivos: atracones de comida, alcoholismo, consumismo compulsivo, relaciones amorosas obsesivas, etc.

La manipulación es su principal arma para lograr una respuesta amorosa. Entrega amor para obtener algo sin obtener satisfacción.

La guerra y el amor se dan simultáneamente: destruye con sutileza y salva después, acaso como el peor enemigo y mejor amigo posible en una misma persona, manipulando hasta hacer muy complicado que otras personas dejen esa relación. Su conducta es incuestionable y su conciencia está limpia: «todo es posible en el nombre del amor».

Intolerancia hacia los límites y la frustración: desea las cosas de modo inmediato, haciendo lo necesario para no esperar. Castiga retirando su amor: «¡A ver, cómo te las arreglas sin mí!». Victimismo, resentimiento e ira sin conciencia ni remordimiento. Mentiras patológicas. Pedofilia o abuso sexual, abusando y salvando con su amor.

Su histeria puede desembocar en todo tipo de enfermedades psicosomáticas hasta conformar un estilo de vida, convirtiéndose en un inválido para lograr el amor y ser cuidado y mimado.

Puede vivir inmerso en un frenesí de emociones, reclamando el contacto físico y confundiendo su sexualidad con amor, ofreciendo sexo como moneda de cambio. Sus relaciones pueden resultar «fatales»: ataques violentos a quien no responde como desea, expresando su odio en grandes borbotones de violencia y destrucción, incluso asesinato, especialmente con familiares cercanos.

21.13-Ficha Básica del Eneatipo 2

Pasión: el orgullo y la soberbia.

Centro: sentimiento.

Fijación: halago, adulación.

Visión de sí mismo: «yo ayudo».

Estructura de temor (lo que evita): sentir que necesitan.

Estructura del deseo: sentirse amado. Degenera en la necesidad de ser necesitado

Trampa o justificación: servicio.

Calificativos: El Ayudador. El Altruista. El Amante. El Complaciente. El Amigo Especial. El Celador.

Fisonomía:

Hombre: pecho inflado, aspecto orgulloso que denota comprensión y contención.

Mujer: piel de porcelana, formas redondeadas, ojos vivaces.

Ambos dulcemente seductores, sonrientes y agradables. Movimientos corporales abiertos y armónicos. Su estado interno emocional se refleja con gran precisión en su semblante.

Parte del cuerpo predominante: el corazón.

Famosos: Madre Teresa. Madonna. Elvis Presley. Xuxa. Cleopatra. Napoleón. Scarlett O´hara (de la película: «Lo que el Viento se Llevó»). Elizabeth Taylor. Jerry Lewis. Don Juan Tenorio. María Magdalena. Alex Forrest (de la película: «Atracción Fatal»). Shannon Rutherford y Charlie Pace (de la serie «Lost»). David Bustamante, Raphael.

21.14-Elvis Presley Como Eneatipo 2 del Eneagrama

«Elvis» Aaron Presley nació en Tupelo, Misisipi, el 8 de enero de 1935.

A los 13 años, su familia se muda a Memphis, Tennessee, donde en 1954 comienza su carrera artística, acompañado por el guitarrista Scotty Moore y el contrabajista Bill Black, siendo uno de los creadores del estilo rockabilly, un ritmo rápido que mezcla el country y el rhythm and blues.

En enero de 1956, la compañía discográfica «RCA Records» publica el sencillo «Heartbreak Hotel», que alcanza el número uno en las listas de éxitos. Muy pronto y tras varias apariciones en medios de comunicación, Elvis se convierte en el icono del rock and roll, a través de una serie de presentaciones televisivas y éxitos de ventas. Sus interpretaciones, llenas de energía, junto a un estilo desinhibido y su forma de bailar, lo hicieron muy popular y controvertido, a pesar de no frecuentar apenas los conciertos.

En noviembre de 1956 debuta en el cine con la película «Love Me Tender». Dos años después es reclutado para realizar el servicio militar, tras lo cual reanuda su carrera artística.

En la década de los 60 se centra en el cine y en las bandas sonoras, muchas de ellas ridiculizadas por la crítica. En 1968, tras siete años alejado de los escenarios, realiza presentaciones en directo en un especial de televisión que da lugar a una serie de conciertos en Las Vegas y varias giras. En 1973 protagoniza el primer concierto transmitido por televisión, vía satélite, de ámbito mundial, visto por 1.500 millones de personas.

Un consumo excesivo de medicamentos compromete gravemente su salud, hasta que el 16 de agosto de 1977 muere súbitamente, a la edad de 42 años.

Elvis Presley fue sobre todo un intérprete, que se manejaba tan bien con la voz como con el baile, siendo una de las figuras más importantes de la cultura popular del siglo XX. Su versátil voz triunfó en géneros tan dispares como el country, el pop, las baladas, el gospel y el blues, siendo el solista con más ventas en la historia de la música popular. Nominado en 14 ocasiones a los premios Grammy, fue premiado en 3 ocasiones.

Elvis Presley, el «rey del rock», fue uno de los cantantes estadounidenses más populares del siglo XX. Apenas compuso algunos temas propios y habitaulmente lo hacía junto a otros compositores.

22-Eneatipo Tres (3): el Triunfador

«Soy eficiente, seguro de mí mismo y busco el éxito ante todo. Soy competitivo, adicto al trabajo y tengo mucha energía. Me preocupa dar una buena imagen de mí mismo, de mi familia y de mi trabajo. Soy poco tolerante con la gente ineficiente o lenta. Puedo ser vanidoso y busco el reconocimiento de los demás. Tiendo a reprimir los sentimientos porque pueden entorpecer mi llegada a la meta».

22.1-Consideraciones Importantes

Sea cual fuere su eneatipo básico, los eneatipos en las direcciones señaladas por las flechas influyen en su personalidad global, permitiendo ambos movimientos, así como la integración y la desintegración en ambos casos. Para obtener una respuesta más acorde a la misma, no sólo debe tomar en cuenta el eneatipo básico y su ala correspondiente, sino los dos eneatipos correspondientes a las direcciones de las flechas conectadas con su eneatipo básico en el Eneagrama. Los rasgos de los cuatro eneatipos pueden mezclarse en su personalidad global, proponiendo un marco más amplio y acorde a la realidad. Tomando como ejemplo un eneatipo 3, es muy difícil identificarse completamente con él: cualquier eneatipo 3 posee un ala 2 ó 4, así como un movimiento hacia el 6 y otro hacia el 9, que juegan un papel importante en la personalidad global.

A través del test del Eneagrama es posible dibujar un mapa completo de nuestra personalidad, teniendo en cuenta que el resto de eneatipos influyen en nuestra personalidad global.

22.2-Situación en el Eneagrama

El eneatipo 3, junto a los eneatipos 2 y 4, conforma el trío emocional, caracterizado por la importancia otorgada al pasado y a los sentimientos en general.

Contrariamente, el trío visceral (eneatipos 8, 9 y 1) otorga mayor importancia al momento actual, de carácter relevante, así como el trío mental o racional (eneatipos 5, 6 y 7) prioriza las consecuencias de la conducta en un futuro.

A grandes rasgos, el eneatipo 3 maneja sus energías de un modo intermedio, entre la extroversión y la introversión (eneatipos 3, 6 y 9), en un intento de conciliar ambas tendencias y sin desarrollar ninguna especialmente.

Contrariamente, otros eneatipos obran de manera introvertida (eneatipos 1, 4 y 5), atendiendo primordialmente a su mundo interno y a sus necesidades, o bien de un modo extrovertido (eneatipos 2, 7 y 8), centrando su atención en el entorno y las personas que le rodean.

La personalidad global del eneatipo 3 puede estar influenciada de un modo notable por su ala (2 ó 4), así como por sus posibles saltos al eneatipo 6 y al eneatipo 9.

22.3-Hábitos

El eneatipo 3, caracterizado por su orientación mercantilista, puede mostrar los siguientes hábitos:

Carismático. Eficiente y atractivo. Simpático, con gran habilidad social.

Extremadamente seguro de sí mismo por fuera e inseguro por dentro. Ambiguo, entre la frialdad y la calidez.

Optimista. Asertivo y esforzado.

Competitivo, auto exigente y pragmático.

Ansioso y egocéntrico. Falso y superficial.

Práctico y calculador, buscador de un estatus.

Mordaz y distante. Controlador y controlado.

Implacable y tenaz.

Frívolo, materialista y ambicioso.

rafaelmoriel.com

Adicto al trabajo con marcada tendencia al marketing.

22.4-La Vanidad Como Pasión

Según la RAE, la vanidad se define como la arrogancia, presunción o envanecimiento. La palabra vano proviene del latín «vanus» (vacío) y supone una falta de contenido, sentido o fundamento real, lo cual describe el gran dilema existencial del eneatipo 3, experimentando la personalidad que proyecta como algo sublime, pero sintiéndose muy vacío por dentro.

Encubierta bajo un manto de simpatía, eficiencia y carisma, la vanidad proyecta, a primera vista, una imagen alejada de la jactancia y de la esencia presuntuosa que la caracteriza.

Orientado hacia todo lo que está de moda, el eneatipo 3 se esfuerza por comportarse de acuerdo a la tendencia más demandada, haciendo de su vida una continua campaña de marketing, mostrando un interés por la exhibición y el éxito a través de una increíble habilidad social, con una maleabilidad para cambiar de actitud o de apariencia según la moda o la ocasión y sobre todo, con una intensa necesidad de querer ser visto, oído y apreciado, creyendo que la imagen idealizada que presenta al mundo se corresponde a su propia realidad, auto engañándose para no ser un «don nadie».

La vanidad o el engaño hacen que el eneatipo 3 aspire a ser la estrella que brilla, admirada por su estilo y logros personales. Proviniendo incluso de familias humildes, a menudo rechaza todo lo que suponga no estar a la altura, llegando a rechazar a sus parejas por mostrar comportamientos que considera inapropiados, no exitosos o vulgares.

El camino hacia la vanidad puede comenzar desde la infancia, cultivando y desarrollando para sí mismo todo lo que resulta atractivo o con posibilidades de impresionar a los demás.

La vanidad hace que su carácter emocional no se detenga mucho tiempo en el sentimiento, para no estancar su acción. Habitualmente tan sólo parece sentir durante unos minutos, tras los cuales arroja sus sentimientos a un saco sin fondo para continuar sus tareas, utilizando la híper actividad como antidepresivo, asegurándose de mantener una agenda bien repleta y ocuparse en diversas actividades con tal de evitar enfrentarse al vacío interior que siente.

Habitualmente, la vanidad no se caracteriza por adoptar comportamientos demasiado extrovertidos, sino más bien tímidos. Su extroversión no es sino un papel habitualmente representado con aparente naturalidad.

22.5-La Vanidad Como Excusa

En un intento de evitar su vacío interior, el eneatipo 3 planifica su vida sobre tres pilares básicos: el aspecto que tiene y lo atractivo o sexy que resulta, los éxitos obtenidos y los bienes materiales o los logros sociales.

Desde la vanidad, el mundo en general y la vida es un gran escenario donde todo el mundo representa un papel determinado. Por ello, es necesario luchar con uñas y dientes hasta lograr el escaparate más grande y espléndido.

En su afán por brillar se convierte en su propio producto, vendiéndose en el mercado al precio más alto posible. Este empeño por ser reconocido sustituye al amor, traduciéndose en una búsqueda del cariño a través del éxito profesional y social.

El eneatipo 3 construye su personalidad en base a la mirada ajena, llegando a creer que existe únicamente a través de ella, siendo apreciado en base a su imagen y actividad.

Su mayor fantasma es el miedo al fracaso. La vanidad supone creer que tan sólo merece amor el exitoso; nadie quiere a los perdedores, siendo capaz de cualquier cosa con tal de evitar el fracaso. En el logro de su objetivo se muestra implacable y esforzado, extremadamente calculador y con una determinación inflexible, aunque a pesar de ello se vea obligado a mentir y engañar.

22.6-Manifestación de la Vanidad

La tendencia al engaño, más o menos evidente, puede manifestarse a través de las siguientes actitudes:

Orientación al éxito: el eneatipo 3 es instintivo y competitivo por naturaleza, y no le interesa nada más que los resultados. Sabe imprimir la marcha adecuada para avanzar, tanto en el campo profesional como en sus relaciones.

El arte de la manipulación: expresado en su instintiva habilidad para suscitar la admiración y el favor de los demás, así como para exponer sus proyectos de manera convincente a la hora de conseguir apoyos.

Pragmatismo: su filosofía de la vida está orientada a la acción, a posiciones y estrategias concretas. Sólo es verdadero lo que resulta práctico y no existen verdades objetivas.

Atracción sexual: se sirve de sus especiales aptitudes sociales y comunicativas para despertar la atención y ganarse las simpatías, convencido de que toda conquista afectiva es un nuevo éxito.

Ambigüedad: tendencia a vivir de dos maneras distintas: la más visible es la orientada al exterior, conformada por su apariencia y basada en la imagen y en su adaptación; la segunda guarda relación con el mundo interior y es más genuina, privada y protegida.

22.7-Comportamiento y Posibles Actitudes

La vanidad y falsedad del eneatipo 3 puede mostrarse bajo diversas formas:

Busca ser querido por sus logros y rendimiento.

Muy competitivo, obsesionado con la imagen de triunfador y el status comparativo.

Apasionado por el éxito, llega a creerse lo que aparenta.

Verdadero maestro de las apariencias, puede aparentar ser más productivo de lo que es en realidad.

Confunde su ser real con la identidad de su trabajo, interpretando la imagen profesional requerida.

Aparenta optimismo y bienestar, huyendo de sus emociones y trabajando sólo para obtener recompensas externas.

Trepador, ejecutivo, súper woman, llega a todo.

Muy activo. Evita el tiempo libre si no es para trepar u obtener buenos resultados.

Autoestima dependiente de su rendimiento.

Vida familiar como de anuncio: «viajamos juntos, hablamos mucho con los chicos, jugamos al tenis, etc.».

Bajo su apariencia perfecta, permanece alienado: «no sé quien soy, pero lograré lo que me proponga; debo ser el mejor para ser tenido en cuenta».

Arrogante, ambicioso, entusiasta, enérgico, dominante, tipo neutro, controlado, frío en las emociones y de gestos estudiados.

Necesita ser admirado y no se siente bien en soledad.

A menudo nunca pierde las formas y sólo muestra su tristeza en un terreno íntimo.

Raramente se embarca en proyectos con pocas posibilidades de éxito rotundo. Sin embargo, su excesiva confianza en sí mismo puede jugarle una mala pasada, embarcándose en proyectos demasiado ambiciosos y por encima de sus posibilidades.

Jamás admite sus fallos, atribuyéndolos a diversas circunstancias, otras personas o simplemente disfrazándolo con sus dotes innatas para la mentira y el engaño.

Recuerda muy bien los éxitos propios y los fracasos ajenos, sin recordar sus fracasos o aquello que no funcionó en su vida.

Notable tendencia a la pose, mostrando su mejor perfil; acaso como si fuera filmado o si estuviera perpetuamente en una entrevista de trabajo. Siempre debe causar la mejor impresión posible, a pesar del esfuerzo agotador.

Desde niño sueña con una vida acorde a la publicidad vigente, esforzándose por resultar creíble a toda costa, siendo capaz de cualquier cosa con tal de no parecer un perdedor.

Se describe a sí mismo como ganador, exitoso, líder, etc., lo cual confunde a otras personas a la hora de identificarlos: no siempre es rico o glamoroso, pero busca el éxito de cualquier forma, lo logre o no.

Utiliza la mentira, el engaño y la manipulación para lograr sus propósitos.

Su vanidad y frialdad quedan reflejados en el estereotipo de la muñeca Barbie.

A simple vista parece alguien cálido, simpático, extrovertido y agradable, aunque más allá de esta apariencia suele encontrarse un muro de hielo, reprimiendo sus sentimientos para continuar funcionando, en una especie de frialdad.

Capacidad para realizar y pensar diversas acciones al mismo tiempo, sin afectar a las tareas que se encuentre realizando.

En momentos de estrés su adicción a la actividad puede desintegrarse, adoptando la narcotización del eneatipo 9 o la inacción del eneatipo 6.

Creencia firme de que si no hace que las cosas sucedan, nada ocurrirá.

Pragmático y contrario a creer en el destino o el azar.

Auto suficiente, actitud de hacerlo todo solo, suele sentir que sostiene el mundo sobre sus hombros.

Se hace a sí mismo y a su vida en función de lo que estima gustará al resto de la gente.

Miedo a decir o hacer lo incorrecto, sin bajar la guardia. Falta de espontaneidad por miedo a que se rían o desconfíen, viéndolo bajo una luz menos favorable.

Ningún éxito parece real o suficiente, embarcándose en alcanzar triunfos mayores que tampoco le satisfacen.

Al igual que ocurre con el eneatipo 1, posee un crítico interno cruel e inflexible consigo mismo.
Su fijación por la falsedad, el engaño y el fingimiento, supone interpretar tantos personajes, que a menudo siente que nadie le conoce realmente.

Dificultad para conocer lo que piensa o siente realmente, ya que a menudo expresa sentimientos no acordes a sus emociones. Puede mostrarse totalmente inalcanzable y distante con alguien, estando incluso profundamente enamorado.

Debilidad en las relaciones íntimas al creer que pueden conducirle al fracaso, la entrega y la intimidad. Temor a que alguien se acerque más allá de su imagen triunfadora, destapando el fraude y abandonándolo.

Su gran tragedia es no saber quién es en realidad, al no desarrollar el contacto con sus propios sentimientos y deseos. Cuando frena su veloz y agitada carrera, suele preguntarse, angustiado: «¿quién soy realmente? ¿Qué es lo que realmente quiero?».

22.8-Infancia

Desde su infancia, el eneatipo 3 se embarca en una frenética búsqueda del éxito, status y reconocimiento ajeno, concentrando todas sus energías en la búsqueda de un reconocimiento, un atractivo sexual, riqueza y brillo social.

A menudo fue un niño premiado y amado por sus logros que aprendió a reprimir sus propias emociones, adquiriendo un rasgo que garantizara su amor: la idea era esforzarse mucho para lograr el reconocimiento, asumiendo posiciones de liderazgo y ganando siempre.

Desde muy pequeño se esfuerza en demostrar lo que vale, realizando esfuerzos sobre humanos para que los adultos le otorguen reconocimiento. La atención recibida es su motor, convirtiéndose en imprescindible.

El niño eneatipo 3 carece de apoyo emocional: pero el show debe continuar, a pesar de todo.

Si de niño buscaba el aplauso de los más cercanos, de adulto ansía el aplauso del mundo. Ser aplaudido, deseado o admirado equivale a ser amado. Y si además es envidiado, mucho mejor.

22.9-Liderazgo

El liderazgo que es capaz de ejercer el eneatipo 3 es el de un líder competente que se bate contra sí mismo a través de la eficiencia, la eficacia y la efectividad.

Líder competitivo: un buen presentador de televisión o acaso el capitán de un equipo vencedor, con capacidad para resultar productivo y motivar a otros.

22.10-Subtipos

Los tres subtipos para el eneatipo 3 contemplados en el Eneagrama se perfilan del siguiente modo:

Subtipo Conservación (Seguridad)

Seguridad, practicidad.

Es el contra pasional de los tres subtipos, siendo una persona muy seria y retenida, con una fuerte orientación hacia el trabajo y pudiendo ser un adicto al mismo, aunque siempre al servicio de la seguridad. Afianza sus riquezas y bienes socialmente apreciados, aun proviniendo de familias pobres. Si alguien presume de cualquier cosa, a menudo intentará demostrarle que no debería hacerlo, y así sucesivamente, de modo que su vanidad no queda registrada como tal. De los tres subtipos, es el de carácter mental.

Los conflictos que crea son encubiertos en cierto modo, no llegando a desatar la chispa emocional inmediatamente. Puede ser muy cizañero y enfrentar a la gente de modo encubierto y sin apenas llamar la atención (envidia), llegando a provocar conflictos importantes.

Existe una necesidad neurótica de tener una seguridad material y una practicidad, así como una rigidez y sobriedad similar a la del eneatipo 1 genérico, basada en una especie de pasión por ser una buena persona, según el modelo o los estándares a seguir.

Justificación personal: «estoy seguro, luego existo». Su envidia es la verdadera envidia, entendida como tal: envidia de la felicidad ajena, de la posición social, de un trabajo, de la capacidad de improvisación, auto suficiencia, etc.

Su pasión satélite es la seguridad y la practicidad, que busca en todo lo que hace. Es el más eficiente, perfecto y materialista de los tres subtipos: la súper mamá que trabaja, cuida a sus hijos y se ocupa de la casa (digna de figurar en una revista); llega del trabajo y prepara una cena deliciosa, se maquilla y se viste elegantemente.

Es el menos vanidoso y llamativo de los tres subtipos, con una tendencia a cultivar un perfil más bajo, si esto es posible para el eneatipo 3. Así, no siempre resulta exitoso, sintiendo un terror al fracaso o el descenso profesionales. Tendencia a imponer su propio estado de ánimo alrededor, sin admitir que le lleven la contraria.

Subtipo Social (Prestigio)

Prestigio, estatus.

Es el visceral de los tres subtipos, orientado a la acción. Hiperactivo, tiene una necesidad neurótica de obtener estatus y un reconocimiento social, con una pasión por lograr el éxito a los ojos ajenos.

Justificación personal: «soy exitoso, luego existo». Busca destacar en todo lo que hace, brillando en aquello a lo que se dedica y juntándose con quien brilla para brillar también. Su vanidad es muy obvia y a menudo son personas que se muestran muy encantadoras, pudiendo ser muy charlatanes e incluso interesados.

Su pasión satélite es el prestigio y estatus sociales, que busca a través de títulos universitarios, honores, postgrados, clubes caros, marcas de moda o cualquier cosa que los asegure, practicando el eslogan: «pertenecer tiene sus privilegios».

Interesado en las marcas, los diseños, los coches caros, etc., es capaz de mantener una pareja acaso como si se tratara de un trofeo.

Es el más frío y desapegado de sus sentimientos, pudiendo ser el más agresivo. Es un gran disimulador de sus sentimientos, un actor que a menudo interpreta con intenciones de obtener el éxito, como si acaso lo estuvieran viendo por la televisión entretanto interpreta. La mayoría de los grandes magos pertenecen a este eneatipo.

Camaleónico, emplea todo tipo de máscaras con tal de mantener su imagen pública, fama y éxito social. Es un magnífico comercial. El típico «trepa».

El reconocimiento o el aplauso resultan esenciales. Mentiroso social e hipócrita, suele aparentar más de lo que es, mintiendo en su curriculum.

Subtipo Sexual (Sex Appeal)

Atractivo, sex appeal.

Necesidad neurótica de ser el objeto sexual de los demás. Existe una pasión por ser agradable, atractivo y deseado. Es el emocional de los tres subtipos. En el terreno íntimo son muy llorones, controladores y celosos. Sobrados de vanidad.

Justificación personal: «me desean, luego existo».

Su pasión satélite es el atractivo físico y sexual. Su rostro es gélido y su actitud altiva, mostrando mucha frialdad e introversión. A pesar de ser el emocional de los tres subtipos, a menudo se muestra inseguro y tímido, pudiendo llegar a ser el menos eficiente de los tres subtipos, pero sin dejar de ser competitivo en ningún momento y orientado al éxito. Socialmente acostumbra a ser despreciativo, mirando por encima del hombro a los demás.

Apuesta todo al sex appeal, mostrando siempre una actitud de pose o exhibicionismo, centrándose en sus conquistas sexuales para perder su miedo a no resultar atractivo. Es el prototipo de la muñeca Barbie, que además acostumbra a unirse con parejas de su mismo eneatipo y subtipo.

Es el que más sufre la ambigüedad entre la calidez y la frialdad característica del eneatipo 3, siendo intenso y frío al mismo tiempo, por huir de la intimidad.

Adopta una postura de «mírame y no me toques», conservando una imagen de adolescente que perdura en el tiempo, acaso como un maniquí de escaparate.

Practican una actitud de «mírame y no me toques», poniendo barreras y levantando muros que impidan el acceso a ellos y hacerlos inalcanzables, empeñados en su actitud altiva.

Muy celosos.

22.11-Integración

La superación del eneatipo 3 consiste en integrar la virtud de la verdad, que puede cultivar practicando las siguientes actitudes:

Ser transparente y jugar con las cartas boca arriba, sin esconderse detrás de la profesión, el cargo o la imagen.

Ser consciente de las máscaras y trucos que se emplean para manipular al prójimo o a uno mismo.

Prestar más atención a los sentimientos y las necesidades del corazón, sin proyectarse instintivamente en la acción o en los propios proyectos.

Saber percibir las diferencias entre la acción y el sentimiento, especialmente en las relaciones interpersonales.

Reconocer la discrepancia existente entre la imagen pública que se quiere mostrar y el mundo privado que se desea esconder.

No permitir que la eficacia sea el principal criterio para valorar las situaciones y las personas.

Afrontar con humildad el fracaso y aprender a decir «me he equivocado, discúlpame».

Mediante la práctica de dichas actitudes, el eneatipo 3 logra progresar en los siguientes aspectos:

Compromiso con algo o con alguien, aprendiendo que su valor no disminuye al formar parte de algo más que de uno mismo. Identificarse con otros le permite enraizar valores sólidos.

Su compromiso con otros le permite exponer lo que tanto teme: lo subdesarrollado que es en realidad, descubriendo que puede ser aceptado a pesar de ello y estableciendo una base sólida sobre la que seguir creciendo.

Posibilidad de admirar y sentirse amado por alguien con quien no competir. Mediante una relación comprometida es posible desarrollar cualidades sanas, perdiendo interés por impresionar con su prestigio, éxito o status, sin engrandecerse a costa de los demás.

Reconociendo valores ajenos puede desarrollar su conciencia, reconociendo los límites de su conducta, de lo que puede esperar de sí mismo y de los demás, así como de la vida en general.

22.12-Enfermedad y Desintegración

El Eneagrama no está orientado a las distorsiones de la personalidad y patologías mentales. En su patología o enfermedad, el eneatipo 3 puede clasificarse como histérico y narcisista. Mentiroso patológico. Puede padecer hipertensión, depresión y anhedonia, pudiendo resultar muy vengativo, sádico e incluso psicótico.

Temiendo el fracaso y la humillación y para mantener su autoestima a toda costa, se convierte en un vil explotador un oportunista que utiliza a otros a través de tretas de todo tipo; deshonesto y mentiroso patológico, traidor, etc. Cualquier estrategia con tal de obtener éxito o mantenerse arriba. Lo hace sin dejar huellas, obrando con astucia y ocultando sus motivos y acciones. Un traidor de imagen convincente.

Vil e inmoral, se aprovecha de los demás utilizando tretas al nivel más bajo posible. Sacrifica relaciones, amistades, etc., abandonándolos tras obtener su propósito. Destruye sin dilación y deprime a otros, pero no a sí mismo. Otros son los que sufren.

Capaz de difundir falsos rumores e incitar a la confrontación, obtiene placer en las caídas ajenas para triunfar, sacrificando a quienes ama si es necesario.

Indigno de confianza, saboteador y traidor malicioso, apuñala por la espalda a amigos y colegas, arruinando reputaciones y relaciones para triunfar.

Miente y engaña para proteger su imagen y no ser descubierto. Capaz de arruinar una empresa o traicionar a quien sea para salir triunfante. Las mentiras patológicas refuerzan su narcisismo, aunque sólo sirva para despreciar a otros.

Su venganza es a conciencia, cueste lo que cueste. Ya no hay empatía con el prójimo. Puede ser diabólico y sádico, psicópata: crimen, vandalismo, asesinato incluso masivo, sin remordimientos.

Puede desintegrarse y despersonalizarse auto alienándose y engordando hasta adquirir un estado vegetativo.

22.13-Ficha Básica del Eneatipo 3

Pasión: la vanidad, el engaño.
Centro: sentimiento.
Fijación: desasosiego.
Visión de sí mismo: «yo exitoso».
Estructura del temor (lo que evita): fracaso.
Estructura del deseo: tener éxito, ser admirado. Degenera en afán de éxito.
Trampa o justificación: eficiencia.
Calificativos: El Triunfador. El Modelo. El Falso. El Mejor. El Buscador de Estatus. El Motivador. El Comunicador.
Hábito: aspecto firme, espalda erguida, postura estética. A veces muestra una imagen atlética e impecable, vestido para el éxito. Energético, aparenta confianza en sí mismo. Resulta llamativo y sus actos pueden parecer ensayados, con mirada atractiva pero fría.
Parte del cuerpo predominante: el tronco.
Famosos: Silvio Berlusconi. Tom Cruise. Arnold Schwarzenegger. David Copperfield. Sting. Demi Moore. Sharon Stone. Brooke Shields. Whitney Houston. George Michael. Cindy Crawford. Boone Carlyle y Jin Kwon (de la serie «Lost»). David Bisbal.

22.14-Paul McCartney Como Eneatipo 3 del Eneagrama

James Paul McCartney nació el 18 de junio de 1942, en Liverpool. Su madre fue comadrona y su padre un vendedor de algodón que tocaba en una banda de jazz que se vio forzado a dejar durante la guerra, trabajando de tornero por el día y apagando incendios provocados por las bombas alemanas de noche.

Paul McCartney fue un niño regordete y amable. En uno de sus cumpleaños, su padre le regaló una trompeta, instrumento que finalmente sustituyó por la guitarra, que además le permitía cantar. En la escuela conoce a George Harrison, con quien coincide en su afición a la guitarra. Juntos ensayan, en casa de George.

El 6 de junio de 1957 presencia tocar a John Lennon, quedando impresionado. Un amigo común los presenta y Paul entra a formar parte de «Quarry Men». El 13 de marzo de 1958 George Harrison se une al grupo, y tras la entrada de Ringo Star en 1962, queda conformada la banda «The Beatles», que el 11 de enero de 1963 publica «Please, Please Me», su primer número uno mundial.

En 1969 conoce a Linda Eastman, hija de un directivo de Eastman & Eastman, divorciada y con una hija de su anterior matrimonio. Paul rompe su relación con su novia y se casa con Linda.

En enero de 1969 la separación de los Beatles es inminente. Paul convence a sus compañeros para realizar «Let It Be», un documental que acontece durante un día de trabajo en un estudio de grabación.

Ya en solitario, graba su primer disco con Linda, bajo el nombre «McCartney», tras lo cual forma la banda «Wings». En 1977 es proclamado el compositor más exitoso de la historia, en el Reino Unido. Disuelto «Wings», canta a duo con Michael Jackson y Stevie Wonder, dirigiendo y protagonizando el filme «Give my regards to Broad Street».

En 1997 es nombrado «Sir Paul McCartney». Poco después fallece su esposa, Linda Eastman.

Paul McCartney figura 4 veces en el Libro Guinness de los récords. Así, «Yesterday» es la canción más versioneada. También es considerado el compositor y cantante de música popular con más éxito, con más de cien millones de singles y sesenta discos de oro. Asimismo, figura por reunir a 184.000 personas en el Estadio Maracaná de Río de Janeiro, en abril de 1990, y también es considerado el vendedor de entradas más rápido de la historia, cuando en 1993 vendió en ocho minutos 20.000 entradas para dos conciertos en Sydney.

«Yesterday» es considerada la canción más popular de la historia, con más de seis millones de reproducciones por radio en Estados Unidos.

rafaelmoriel.com

23-Eneatipo Cuatro (4): el Artista

«Soy muy sensible, creativo y sincero. Me siento diferente a los demás y me gusta serlo. Disfruto de la intensidad de la vida en una simple conversación, en el amor o en la tristeza. Puedo alcanzar una profundidad de sentimientos superior a cualquiera. Me impacienta la mediocridad y la vida trivial y mundana. Suelo tener la sensación de que siempre me falta algo. Me deprimo fácilmente».

23.1-Consideraciones Importantes

Sea cual fuere su eneatipo básico, los eneatipos en las direcciones señaladas por las flechas influyen en su personalidad global, permitiendo ambos movimientos, así como la integración y la desintegración en ambos casos. Para obtener una respuesta más acorde a la misma, no sólo debe tomar en cuenta el eneatipo básico y su ala correspondiente, sino los dos eneatipos correspondientes a las direcciones de las flechas conectadas con su eneatipo básico en el Eneagrama. Los rasgos de los cuatro eneatipos pueden mezclarse en su personalidad global, proponiendo un marco más amplio y acorde a la realidad. Tomando como ejemplo un eneatipo 4, es muy difícil identificarse completamente con él: cualquier eneatipo 4 posee un ala 3 ó 5, así como un movimiento hacia el 2 y otro hacia el 1, que juegan un papel importante en la personalidad global.

A través del test del Eneagrama es posible dibujar un mapa completo de nuestra personalidad, teniendo en cuenta que el resto de eneatipos influyen en nuestra personalidad global.

23.2-Situación en el Eneagrama

El eneatipo 4, junto a los eneatipos 2 y 3, conforma el trío emocional, caracterizado por la importancia otorgada al pasado y a los sentimientos en general.

Contrariamente, el trío visceral (eneatipos 8, 9 y 1) otorga mayor importancia al momento actual, de carácter relevante, así como el trío mental o racional (eneatipos 5, 6 y 7) prioriza las consecuencias de la conducta en un futuro.

A grandes rasgos, el eneatipo 4 maneja sus energías de un modo introvertido (eneatipos 1, 4 y 5), teniendo en cuenta su mundo interno y las necesidades concretas.

Contrariamente, otros eneatipos obran de manera extrovertida (eneatipos 2, 7 y 8), centrando su atención en el entorno y las personas que le rodean, o bien de un modo intermedio (eneatipos 3, 6 y 9), en un intento de conciliar ambas tendencias y sin desarrollar ninguna especialmente.

La personalidad global del eneatipo 4 puede estar influenciada de un modo notable por su ala (3 ó 5), así como por sus posibles saltos al eneatipo 1 y al eneatipo 2.

23.3-Hábitos

El eneatipo 4, caracterizado por su orientación a la tristeza, puede mostrar los siguientes hábitos:

Sensible y romántico.
Emotivo e intenso.
Dramático y trágico.
Sufridor.
Demandante y con actitud victimista de «pobre de mí».
Ciclotímico.
Artístico y estético. Snob.
Incomprendido, con la sensación de ser diferente.
Negativo, fantasioso, competitivo.
Quejoso, envidioso, rencoroso y celoso.
Venenoso, crítico y mordaz.

23.4-La Envidia Como Pasión

De acuerdo a la RAE, la envidia se define como la tristeza o pesar del bien ajeno o el anhelo de algo que no se posee.

A diferencia de la envidia que pueden mostrar otros eneatipos (como por ejemplo los eneatipos 2 y 3), centrada fundamentalmente en los aspectos materiales, la envidia del eneatipo 4 llega a adquirir un sentido metafísico. Utilizando su imaginación, el eneatipo 4 se compara continuamente con otras personas, estimando que son más felices: sus vidas siempre son mejores y más prósperas, llegando a la conclusión de que se le ha negado algo que otros poseen: la casa del vecino es mejor que la suya, o tiene un mejor empleo en el que promocionarse y su sueldo es más elevado, o su pareja es mejor que la suya y le hace más feliz, o cuando era pequeño sus padres le pagaron un profesor de piano y él tuvo que conformarse con nada, y así sucesivamente.

El eneatipo 4 vive principalmente en su imaginación y en sus sentimientos. Como una derivación de la perfección y resultado de una constante comparación con lo ajeno, su actitud envidiosa le empuja a desear aquello que no tiene, anhelando ser quien realmente no es. Como resultado, siempre parece mucho más atractivo aquello que no se tiene, sin tener en cuenta lo propio ni valorarlo adecuadamente.

Su fijación es la melancolía, una especie de dulce tristeza que en ocasiones lo apega al pasado, anhelando lo que alguna vez tuvo y acaso perdió. Por ello, su carácter es a menudo romántico, resultando un caldo de cultivo idóneo para la creación y el arte.

Su defecto más notable es el apego al sufrimiento, que a menudo utiliza para llamar la atención. Posee una mala imagen de sí mismo y una marcada orientación hacia la frustración, nacida de su tendencia natural a establecer comparaciones envidiosas.

El apego al sufrimiento del eneatipo 4 obedece a su convicción inconsciente de que cuanto más se sufre en la vida, cuanta peor haya sido su suerte, su amor puede llegar a ser más auténtico que el de otros y por ello tiene más derecho a ser amado, anhelando quizá el día en el que encuentre a alguien capaz de valorar y premiar tanto sufrimiento acumulado, o simplemente ser premiado por ello. Este sentimiento permanece oculto en lo más profundo de su subconsciente.

23.5-La Envidia Como Excusa

El eneatipo 4 posee dos distorsiones características: sentirse rechazado, e incomprendido. Normalmente no demuestra dichos sentimientos, por lo que adquiere una fuerte tendencia a sentirse solo y abandonado, discriminado e incomprendido y con una sensación interna de desconexión y alejamiento.

En su afán por dar lástima para lograr amor, el eneatipo 4 acontece su existencia como si se tratase de una gran tragedia en la que le tocó representar el papel de una sufriente víctima ante las circunstancias de la vida, de la gente y sobre todo, de su trágico destino.

Normalmente se considera una persona muy especial, actitud que choca con el hecho de sentirse tan desgraciado en la vida, pudiendo «enredarse» hasta el extremo en nimiedades o hechos sin demasiada importancia.

El eneatipo 4 posee la extraña sensación de vivir como en un «paraíso perdido». La propia sensación que tiene de sí mismo es como la de un barco que navega a la deriva, azotado por la tormenta, llegándose a sentir como un «aristócrata en el exilio», acaso como si antaño las cosas fueron perfectas y un día todo se derrumbó, dejándolo sumido en la más profunda tristeza, una oscuridad interior en la que la vida cotidiana parece insoportable y los problemas son imposibles de solucionar.

Puede esforzarse mucho por resultar original y auténtico, escapando a toda costa de la vulgaridad y lo cotidiano, hasta resultar único e irrepetible.

Existe un apego a lo inalcanzable, que curiosamente pierde su valor si finalmente es alcanzado, haciéndole vivir en un eterno estado de insatisfacción, extraviado en un inmenso vacío que nada ni nadie parece capaz de llenar. También padece un apego al sufrimiento y a la melancolía, que le hace permanecer en contacto con el objeto perdido.

Al igual que ocurre con el eneatipo 2, su foco de atención permanece fijado en las relaciones. Sin embargo y a diferencia de éste, que normalmente posee una gran habilidad para tratar con la gente y resultar muy simpático, las relaciones del eneatipo 4 pueden resultar a menudo tensas, tormentosas y difíciles, con problemas derivados directamente de su elevada intensidad emocional.

La envidia del eneatipo 4 puede recorrer una amplia gama de matices, dependiendo del subtipo dominante: desde desear culposamente lo que el otro tiene, hasta la envidia más abierta y decapitadora: «¡ojalá se mate por ahí con su coche caro… Entonces sabrá para qué sirve tanto dinero!».

23.6-Manifestación de la Envidia

La envidia puede manifestarse a través de las siguientes actitudes:

Pobreza de la imagen personal: la envidia parte de una insatisfacción por lo que se es o lo que se tiene, en la que el individuo tiene dificultad para aceptarse y reconciliarse consigo mismo.

Competición: el miedo a encontrarse con alguien que pueda resultar más atractivo e interesante puede conducirlo a entablar una competición para no perder la batalla. La pugna puede situarse en el campo de la imagen, del vestido, del estilo de vida, de las armas de seducción empleadas para conquistar la atención ajena, etc.

Intensidad emotiva: para sentirse vivo y especial, busca todo cuanto es profundo, hermoso y doloroso, rechazando la rutina y la vulgaridad.

Maridaje con el sufrimiento: el sufrimiento es un fiel aliado, creando una intensidad de sentimientos, una riqueza de vida, una sensibilidad exacerbada y una mayor profundidad en el encuentro con los demás. A veces, el eneatipo 4 se desposa con el sufrimiento, ensimismándose en el papel de víctima o incomprendido.

Búsqueda de afecto: la superación del sentimiento de vacío, soledad o abandono, se produce mediante la búsqueda de alguien que lo ame de verdad, pudiendo llegar a convertirse en una persona completamente dependiente.

23.7-Comportamiento y Posibles Actitudes

La envidia del eneatipo 4 puede mostrarse bajo diversas formas:

Visión de la otra persona como alguien que tiene algo que a él le falta.

Atraído por lo inaccesible, el ideal nunca está presente aquí y ahora.

Puede resultar trágico, triste, artístico, sensible y original.

Suele permanecer concentrado en el amante ausente, en la pérdida de un amigo, en el amor perdido, en el amor imposible.

Se deprime con frecuencia, aceptando los resultados de un modo fatalista, practicando largos periodos de auto aislamiento. Puede luchar contra la depresión a través de una frenética hiperactividad, o bien profundizando en el lado más oscuro, a través del arte.

Su melancolía crea una atmósfera de dulce lamento, permaneciendo intensamente vivo en sus cambios emocionales.

Se mantiene a una distancia segura, no muy lejos, para que la nostalgia familiar no se convierta en desesperación.

Su situación respecto a los demás nunca es justa, anhelando que las circunstancias sucedan de un modo diferente.

Internamente está convencido de que más tarde o más temprano terminarán por abandonarlo, lo que le provoca miedo.

Puede resultar quejoso y demandante. Al sentir que ha sufrido mucho y ha tenido tantas carencias, el mundo está en deuda con él y debe satisfacer sus caprichos.

A menudo tiene la sensación de poseer un defecto fatal y sombrío (que desconoce a ciencia cierta), que al mismo tiempo le hace diferente y especial.

Busca alguien poderoso para emparejarse, de carácter protector.

Su sentimiento puede resultar especialmente profundo e intenso, pudiendo llegar a protagonizar un papel dramático. Su hambre de amor y voracidad entraña una atmósfera de vorágine y turbulencia, un tsunami de emociones.

Convencido de que cuanto más dolor, existe más vida y más amor, puede llegar a hacer una tragedia de cualquier mal menor, creyendo que nadie sufre más que él mismo. Lo que para otros parecería una exageración emocional, es su realidad de todos los días.

Existe la posibilidad de deprimirse suicidamente, como ha venido ocurriendo con multitud de grandes artistas.

Creencia arraigada de poseer el derecho de reclamar. Se quejará y hará todo lo posible para obtener su recompensa (que alguien, alguna vez, le arrebató de súbito).

Tendencia a culpar a otros de sus problemas y de lo mal que le trató la vida, llegando hasta la imposibilidad para reconocer su contribución ante los conflictos, ya que siempre necesita ver al otro como equivocado y a sí mismo como una víctima.

Problemas en sus relaciones al fijarse en los aspectos negativos del amigo presente, pudiendo frecuentar relaciones inestables.

Para alejarse de la temida vulgaridad puede adoptar una actitud de superioridad al resto (antes muerto que sencillo).

Normalmente suele ser refinado, esteta y en algunos casos muy snob. Valora su gusto refinado y su sensibilidad, que considera más arraigada y profunda que la de otros, pudiendo llegar a ignorar a quienes siente que no merecen su atención. Existe una tendencia elitista, como una reacción a sentir precisamente lo contrario en su interior.

A través de su tendencia al refinamiento, el eneatipo 4 puede lograr manejar el mundo del ceremonial y el protocolo, los manuales de comportamiento, las reglas y conductas, las formalidades y los modales correctos, lo cual puede resultar paradójico, proviniendo de una personalidad que piensa que las reglas no están hechas a su gusto y usualmente no acostumbra a respetarlas.

El eneatipo 4 puede adoptar una actitud diferente a la de sufrir y lloriquear (más acorde al comportamiento del eneatipo 2), a través de una imagen superior y endiosada, adoptando una actitud de «primma donna», aunque realmente se sienta por dentro socialmente inseguro y temeroso de no ser amado y aceptado. También puede parecer maníaco, exultante e hiperactivo.

Puede ser venenoso, rencoroso y mordaz con los demás: su intención inconsciente es infligir a los demás la vergüenza que él evita experimentar, manteniendo su propia impecabilidad. Puede ser celoso, crítico y mordaz.

El eneatipo 4 integrado es muy creativo y puede ayudar a mitigar el dolor ajeno. Está comprometido con la belleza y la vida apasionada: nacimiento, sexo, intensidad y muerte.

23.8-Infancia

Desde su niñez, el eneatipo 4 pudo sentirse abrumado por una profunda sensación de carencia, acaso como si le faltara algo que los demás tienen (aunque normalmente no sabe qué es).

Pudo ser un niño muy ciclotímico, centrado en lo que tienen los demás niños en lugar de fijarse en lo propio, aprendiendo a establecer comparaciones en las que otros siempre tienen más, mejor y diferente.

A menudo recuerda el abandono en su infancia, padeciendo en consecuencia un sentimiento de carencia y de pérdida.

23.9-Liderazgo

El liderazgo capaz de ejercer el eneatipo 4 es el de un líder creativo, original y capaz de buscar el origen de las cosas. Muy inspirado. Innovador e incluso transgresor, con una gran capacidad sensible.

Posee una fuerza interior que surge en los momentos difíciles o de crisis, como ocurre en la mayoría de los artistas, resurgiendo como el Ave Fénix y haciéndose fuerte en el dolor y el sufrimiento.

23.10-Subtipos

Los tres subtipos para el eneatipo 4 contemplados en el Eneagrama son muy diferentes entre sí. Dependiendo del subtipo, el eneatipo 4 puede clasificarse como sufrido, sufridor e insufrible.

Subtipo Conservación (Tenacidad, «el Sufrido»)

Tenacidad, descaro.

Existe una necesidad neurótica de soportar, una pasión por aguantar y resistir hasta el masoquismo.

Justificación personal: «aguanto, luego existo».

Su pasión satélite es la tenacidad y es el contra pasional, pues su envidia no permanece a la vista y ni siquiera la registra como tal. Es el mental de los tres subtipos y se le conoce como la cabrita sufrida del Eneagrama, que torna hacia adentro su demanda, convirtiéndose en un estoico masoquista. Es capaz de permanecer durante horas enteras sin hablar ni pronunciarse al respecto, cuando no tiene claro cómo salir de los conflictos. No llora, o es muy difícil que lo haga, y menos en público.

Puede contener su dolor sin el más mínimo gesto y sufrir mucho para merecer amor, haciendo de su anhelo algo muy importante en su vida.

Es muy observador, perfeccionista, ambicioso y gran conseguidor. Muy autónomo, no acostumbra a quejarse y es tenaz, muy trabajador y rígido, por lo que puede confundirse con el eneatipo 1 y el eneatipo 5, y en menor medida con el eneatipo 3 (subtipo conservación), aunque en lugar de esforzarse mucho por lograr el éxito buscado por el eneatipo 3, el eneatipo 4 lo hace para tapar carencias.

A menudo no logra satisfacción por sus logros, sino por el hecho de haber podido sobrevivir. Es activo, extrovertido, temerario, práctico y materialista. Capaz de jugar a la vida y la muerte para terminar sobreviviendo siempre. Es una especie de funambulista, capaz de de involucrarse en situaciones y personas peligrosas o mantenerse coqueteando con la pérdida y la quiebra, ya que a través del sacrificio cree que puede llegar a ser alguien muy especial.

Subtipo Social (Vergüenza, «el Sufridor»)

Vergüenza social.

Es el emocional de los tres subtipos. Si bien los tres subtipos del eneatipo 4 son muy diferentes entre sí, la explicación del subtipo social contenida en la mayoría de los libros de Eneagrama, se correspondería con este subtipo. Es el «chupóptero» por excelencia.

Quejumbroso, llorica, ofrece una pobre imagen de sí mismo. Su actitud podría resumirse a través de la expresión: «el que no llora, no mama». A sus ojos, todo el mundo es mejor que él. Existe una necesidad neurótica de ser el «patito feo». Su pasión es la vergüenza y muestra una gran tendencia a sufrir, llorar y culpar al mundo de todos sus males, poniendo de manifiesto la envidia.

Justificación personal: «soy el patito feo, luego existo». Su idea del mundo es de total sufrimiento, como si no hubiera esperanza. Es un subtipo social con un comportamiento «anti social», ya que es un eterno inadaptado que no colabora con el mundo, sino que termina fastidiando porque no resulta complacido de ninguna manera.

Su pasión satélite es la vergüenza social, en el sentido de ser como el «pobre de mí». Denominado también como el «sufridor», es el más quejoso y lloroso de los subtipos, la envidia vergonzosa.

Es más tímido e intensifica su sufrimiento por no saber demandar abiertamente, al contrario que ocurre con el subtipo sexual. Es el solo y desprotegido, el «pobre de mí», el «patito feo». Su actitud es muy clara y resulta fácil de identificar, pues su propio rostro lo delata.

Existe temor a que su apariencia externa pueda ser rechazada, por lo que trata de inspirar amor a través de dar lástima y de «hacerse el enfermo». Suele ser esa persona de la que otros se ríen, y que llega a sentirse como si su mera existencia fuera un error.

Frecuentemente utiliza una imagen atractiva y exótica para sentirse compensado, como por ejemplo los góticos.

Subtipo Sexual (Odio, «el Insufrible»)

Odio, competencia.

Es el instintivo de los tres subtipos, orientado a la acción. Existe una necesidad neurótica de sentir con intensidad, demandar y exigir abiertamente, así como una pasión por competir, gritar, montar el lío y vencer. A menudo utiliza una terrible agresividad emocional, con la que intenta compensar su baja autoestima. No acostumbra a pedir perdón y en ocasiones provoca daños irrecuperables en la amistad, la confianza de otros, etc.

Justificación personal: «odio, luego existo». A menudo tiene muchos problemas interpersonales.

Su pasión satélite es el odio. Conocido también como el «insufrible», no sufre por los demás sino que hace sufrir, a través de una envidia decapitadora. Centrado en el odio y la competitividad, su comportamiento es arrogante y descarado, reclamando de un modo explícito.

A menudo resulta turbulento y tempestuoso; sensual, seductor, celoso y posesivo, su amor es de carácter canibalístico. La envidia competitiva es del tipo Caín, queriendo aniquilar al otro por tener algo que él no tiene. La envidia voraz.

Puede sentirse atraído por lo imposible, las emociones intensas, las situaciones extremas, las parejas prohibidas, pretendiendo ser la persona más importante en la vida del otro.

Puede ser muy narcisista y exhibicionista: perfumarse y maquillarse de forma extrema, llegando incluso a la extravagancia en su deseo de llamar la atención. Puede ser presa de adicciones o intenciones suicidas.

Su comportamiento y sus actitudes denotan abiertamente su imposibilidad de contenerse, no guardándose nada y diciendo todo lo que piensa. En ocasiones puede confundirse con el eneatipo 8, llegando a ser muy agresivo. También puede confundirse con el eneatipo 2, por su soberbia.

rafaelmoriel.com

El eneatipo cuatro, subtipo sexual, es el carácter más intenso del Eneagrama.

23.11-Integración

La superación del eneatipo 4 puede lograrse descubriendo el equilibrio y la armonía, mediante la práctica de las siguientes actitudes:

Aceptar serenamente la insatisfacción de los propios deseos.

Aprender a satisfacerse, sanando la tensión entre la atracción por lo que no hay y la repulsión por lo que hay.

Vivir el presente, sin dejarse llevar por la nostalgia del pasado ni buscar compensaciones imaginarias, soñando con un futuro maravilloso.

No ceder a la autocomplacencia, sino encauzar las propias energías en acciones constructivas, desarrollando las propias capacidades sociales.

Valorar con serenidad y apertura lo que es único y exclusivo, lo normal y ordinario, tanto dentro como fuera de sí mismo.

Transformar las propias heridas en compasión y comprensión para el sufrimiento ajeno.

Recuperar el equilibrio de la propia vida sentimental.

Amarse y aceptarse, aprendiendo a ser buena compañía para uno mismo.

Mediante la práctica de dichas actitudes, el eneatipo 4 logra progresar en los siguientes aspectos:

Logra realizarse, focalizándose en algo objetivo, más allá de sus sentimientos y fantasías. Se traslada del ensimismamiento a la acción, a través de principios y convicciones.

Reconoce valores a los cuales someterse. Gustosamente se auto disciplina, trabajando constantemente en la realización de su potencial, para poder contribuir al mundo.

Encuentra la libertad al desear hacer lo que debe hacerse en lugar de hacer lo que le plazca, en su búsqueda mal orientada de sí mismo.

Al obtener satisfacción de la realidad, ya no se ve tentado a ser auto indulgente, ni se considera distinto a los demás. Se somete tanto a la realidad como a los dictados de su conciencia, poniéndose límites gustosamente, superando la tendencia a liberarse de obligaciones sociales y morales.

Es capaz de ser un excelente profesor, objetivo respecto de sí mismo, extrayendo riquezas del mundo subjetivo. Su intuición se ve reforzada por un excelente juicio, transformando la intromisión personal en la razón.

Se trasciende a sí mismo. Su creación es objetiva, siendo capaz de contemplarla y darse razones para lograr una genuina autoestima. En la medida en que su creación es buena, la persona que la creó debe serlo también.

23.12-Enfermedad y Desintegración

El Eneagrama no está orientado a las distorsiones de la personalidad y patologías mentales. En su patología o enfermedad, el eneatipo 4 puede padecer un trastorno límite de la personalidad, depresión grave, comportamiento pasivo agresivo, trastorno de personalidad evasiva y suicidio.

La autosatisfacción del eneatipo 4 le hace perder el logro de sus esperanzas y sueños, sintiendo que ha malgastado su vida. Avergonzado por perder oportunidades, duda de su capacidad para sobreponerse, siendo incapaz de mantener una relación normal. Su ensimismamiento supone un paréntesis en el tiempo, del que se avergüenza. Todos parecen más felices entretanto su existencia transcurre en una espiral de la que no puede escapar, como si nada estuviera a su alcance.

Renegando de sus deseos para no ser herido, bloquea sus sentimientos y pierde la ilusión por todo, hasta alcanzar una parálisis emocional. Se queda en cama todo el día o se encierra, sin comprometerse a nada. La depresión puede empujarle de mal en peor, acaso como si de una condena se tratase.

El desprecio que siente por él mismo le empuja a castigarse por sus propios errores y el tiempo malgastado, los errores cometidos por sus padres, la indignidad de ser amado, y así sucesivamente.

Obsesivamente negativo y sin confianza en sí mismo, estalla en arrebatos de llanto. Convencido de ser defectuoso y despreciado, pude sentarse durante horas sin apenas respirar, aturdido por un terrible sufrimiento. En su salto al eneatipo 2 puede mantener relaciones parásitas y dependientes para obtener amor, que terminará odiando al representar su falta de autoestima.

Si su desesperación continúa es capaz de destruirse abrazando la muerte, bien a través de la consumación del suicidio o a través del alcohol y drogas, creyéndose un caso perdido y odiándose.

23.13-Ficha Básica del Eneatipo 4

Pasión: la envidia.

Centro: sentimiento.

Fijación: melancolía.

Visión de sí mismo: «yo, diferente».

Estructura del temor (lo que evita): ordinariez.

Estructura del deseo: sentirse especial. Degenera en autocomplacencia.

Trampa o justificación: autenticidad.

Calificativos: El Romántico. El Melancólico. El Especial. La Víctima Trágica. El Individualista. El Esteta.

Hábito: intenso, apremiante, a menudo elegante y sofisticado, así como ensimismado.

Con regularidad muestra tez amarillenta, cara de cólico, sonrisa triste, párpados caídos. Los ojos pueden parecer húmedos o tristes. Algunas veces puede parecer chocante, descarado o extravagante.

Parte del cuerpo predominante: las extremidades superiores.

Famosos: María Callas. Edgar Allan Poe. Janis Joplin. Jimi Hendrix. Jim Morrison. Frida Khalo. Vincent Van Gogh. Oscar Wilde. Chavela Vargas. Prince. Michael Jackson. Anais Nin. Laurence Olivier. Sylvia Plath. Joaquín Sabina. Lawrence de Arabia. Alanis Morrissette. Marcel Proust. Salieri. Judy Garland. Edgar Allan Poe. Rimbaud. Baudelaire. Desmond Hume (AC), Danielle Rousseau (AC) y Michael Dawson (Sex.), de la serie «Lost».

23.14-Janis Joplin Como Eneatipo 4 del Eneagrama

Janis Lyn Joplin nació en Port Arthur (Texas), el 19 de enero de 1943.

Durante su primer año en el instituto se relacionaba con intelectuales, siendo marginada por sus compañeros tras rechazar abiertamente el racismo, entre otras cosas. A los dieciséis años frecuenta bares de música negra, y un año después comienza a cantar.

Estudiando bellas artes, canta en bares y se gana una reputación de «borracha». En 1963 se traslada a San Francisco, donde graba un disco casero con Jorma Kaukonen, futuro guitarrista de Jefferson Airplane. El consumo de drogas la reduce a 35 kilos de peso, hasta que en 1965 intenta retomar sus estudios y casarse con Peter LeBlanc, que finalmente la abandona.

En San Francisco se une a Big Brother and the Holding Company, grabando un disco con dicho nombre. Actúa junto a The Grateful Dead, Jefferson Airplane, etc., participando en 1967 en el Festival de Monterrey.

Con el productor de Bob Dylan graba Cheap Thrills en 1968, que en tres días se convierte en disco de oro, vendiendo más de un millón de copias en apenas un mes. La prensa se centra en ella, desatando los egos del grupo, que se disuelve.

A principios de 1969 y junto al guitarrista Sam Andrew forma Kozmic Blues Band, publicando I Got Dem Ol' Kozmic Blues Again Mama, una mezcla de rock, soul y blues. Su sentimiento de soledad le engancha a la heroína, manifestando en sus entrevistas que «hace el amor con 25000 personas en el escenario y vuelve a casa sola».

Janis Joplin quiso hacer de su banda (músicos profesionales) una familia, logrando intimar tan sólo con el saxofonista Cornelius Flowers. A finales de 1969 estaba tan enganchada a la heroína y al alcohol, que decide tomarse un descanso. La banda se separa a finales de año.

En febrero de 1970 viaja con una amiga a Río de Janeiro, a desintoxicarse de la heroína. Desenganchada, Albert Grossman le propone la banda Full Tilt Boogie Band.

En una fiesta de los Hell's Angels conoce a Seth Morgan, enamorándose. En septiembre de 1970 se traslada a Los Ángeles, grabando Pearl: el día cuatro de octubre fue un buen día en el estudio, por lo que salió de copas, falleciendo por sobredosis de heroína. Su cuerpo es descubierto 18 horas más tarde. En la mejor época de su vida, se cuenta que fue víctima de un desengaño amistoso.

Seis semanas después de su muerte, dio a la luz el álbum Pearl, éxito rotundo que deja el tema «Mercedes Benz» sin música, la última canción que grabó en vida. En 2003, Pearl se coloca en el puesto 122 de los 500 mejores discos de todos los tiempos.

Algunas de las circunstancias que rodearon su muerte no fueron resueltas, como la pureza de la droga que la mató o las jeringas no encontradas, apuntando a que alguien estuvo involucrado.

Janis Joplin fue incinerada en Los Ángeles, esparciendo sus cenizas por el Océano Pacífico. Tuvo problemas de personalidad y autoestima relacionados con su aspecto físico, y se estima que fue bisexual, frecuentando más parejas femeninas que masculinas.

Janis Joplin fue un símbolo femenino de la contracultura de los años 60 y el movimiento hippie, así como la primera mujer considerada gran estrella del rock and roll. En 2004, la revista Rolling Stone la situó en el lugar 46 de los 100 artistas más grandes de todos los tiempos y en 2008 en el puesto 28 de los 100 mejores cantantes de todos los tiempos.

24-Eneatipo Cinco (5): el Observador

«Soy muy independiente, objetivo y analítico. Me apasiona el conocimiento, el pensamiento, el silencio, y siempre procuro tener mi propio espacio. Pienso antes de actuar. Me molestan las demostraciones de afecto excesivas y la gente ruidosa. Me agobian fácilmente las reuniones sociales. Mantengo mis emociones bajo control. Tengo una gran habilidad para aislar mis sentimientos y necesidades, lo que provoca que mi mente sea muy clara».

24.1-Consideraciones Importantes

Sea cual fuere su eneatipo básico, los eneatipos en las direcciones señaladas por las flechas influyen en su personalidad global, permitiendo ambos movimientos, así como la integración y la desintegración en ambos casos. Para obtener una respuesta más acorde a la misma, no sólo debe tomar en cuenta el eneatipo básico y su ala correspondiente, sino los dos eneatipos correspondientes a las direcciones de las flechas conectadas con su eneatipo básico en el Eneagrama. Los rasgos de los cuatro eneatipos pueden mezclarse en su personalidad global, proponiendo un marco más amplio y acorde a la realidad. Tomando como ejemplo un eneatipo 5, es muy difícil identificarse completamente con él: cualquier eneatipo 5 posee un ala 4 ó 6, así como un movimiento hacia el 7 y otro hacia el 8, que juegan un papel importante en la personalidad global.

A través del test del Eneagrama es posible dibujar un mapa completo de nuestra personalidad, teniendo en cuenta que el resto de eneatipos influyen en nuestra personalidad global.

24.2-Situación en el Eneagrama

El eneatipo 5, junto a los eneatipos 6 y 7, conforma el trío mental o racional, caracterizado por la importancia de valorar mayoritariamente las consecuencias de la conducta en el futuro.

Contrariamente, el trío emocional (eneatipos 2, 3 y 4) otorga mayor importancia al pasado y los sentimientos, así como el trío visceral (eneatipos 8, 9 y 1) se centra en el momento presente, de carácter relevante.

A grandes rasgos, el eneatipo 5 maneja sus energías de un modo introvertido (eneatipos 1, 4 y 5), teniendo en cuenta su mundo interno y las necesidades concretas.

Contrariamente, otros eneatipos obran de manera extrovertida (eneatipos 2, 7 y 8), centrando su atención en el entorno y las personas que le rodean, o bien de un modo intermedio (eneatipos 3, 6 y 9), en un intento de conciliar ambas tendencias y sin desarrollar ninguna especialmente.

La personalidad global del eneatipo 5 puede estar influenciada de un modo notable por su ala (4 ó 6), así como por sus posibles saltos al eneatipo 8 y al eneatipo 7.

24.3-Hábitos

El eneatipo 5, caracterizado por su orientación al aislamiento, puede mostrar los siguientes hábitos:

Observador. Frío, desapegado, autista.
Intelectual. Analítico, misterioso.
Estoico. Auto-suficiente, independiente y solitario.
Genio.
Híper sensible. Introvertido y poco demostrativo. Tímido, desconfiado y desconectado.
Resignado, apático, inseguro, lacónico y suspicaz.

24.4-La Avaricia Como Pasión

Según la RAE, la avaricia se define como el afán desordenado de poseer y adquirir riquezas para atesorarlas. Sin embargo, la avaricia del eneatipo 5 resulta muy difícil de captar a primera vista, puesto que puede llegar a mostrar un total desapego, incluyendo el dinero y las posesiones materiales. La verdadera causa de la avaricia en este eneatipo radica en el miedo que anida en su interior: miedo a perder o a quedarse vacío tras entregarse a otros, minimizando sus necesidades y la dependencia ajena, de modo que nadie pueda exigirle nada a cambio. La avaricia del eneatipo 5 no se limita a lo económico o material, sino que puede conformar una avaricia emocional, de conocimientos, de comunicación, etc.

Identificando el eneatipo 5 con un estilo decorativo, sería el minimalismo. El mundo y la gente le resultan de carácter invasor, por lo que se distancia de ellos refugiándose en su mente, su lugar sagrado.

La mente del eneatipo 5 no cesa de trabajar, quedándose atrapado en una especie de preparación: su perfeccionismo le empuja a reunir y acumular información o practicar una disciplina de modo indefinido, sin llegar a considerarse preparado para pasar a la acción. El excesivo análisis y la perfección le impiden lograr una visión de conjunto, centrándose en los detalles. Jamás se siente preparado para arriesgar su reputación, acaso como un escritor que no se decide a publicar o un estudiante que estudia una carrera tras otra.

El mundo interior del eneatipo 5 le provoca sentimientos de privación y vacío, experimentando la carencia de la «salsa de la vida», acaso como sumido en una sensación de aridez y esterilidad, inmerso en un desierto infinito sin oasis: desolado, sediento y seco, con una sensación de privación absoluta.

Al igual que el eneatipo 9, con el que puede ser confundido, su comportamiento acostumbra a ser pasivo agresivo, mostrando una marcada tendencia a actuar bajo una callada resistencia cuando se espera algo de él. Su avaricia manifiesta la intención de llevar a cabo todo cuanto se espera de él, sin llegar a rematar la faena. Puede negarse a hacer regalos sólo porque se espera que los haga, o desatender las tareas de la casa sólo porque su pareja espera que lo haga, y así sucesivamente.

La ejecución de sus actos suele resultar chapucera: bajo una apariencia dócil y acomodadiza, se muestra de acuerdo en llevar a cabo todo cuanto se espera de él, adquiriendo compromisos, etc., sólo para apaciguar a los demás pero con una tendencia al olvido y a argumentar diferentes excusas para posponer sus obligaciones a otro momento.

24.5-La Avaricia Como Excusa

Más que vivir la vida, el eneatipo 5 la observa desde su impenetrable refugio, protegiendo exageradamente la pureza de su mundo interno.

El eneatipo 5 mantiene una mezquindad emocional, llenando su vacío a través de la búsqueda compulsiva e incesante del conocimiento, con la vana ilusión de que una vez lo tenga todo en su poder, podrá ser feliz.

Aunque la mayor parte del tiempo observa más que participa activamente en lo que acontece a su alrededor, en ocasiones puede ser bastante locuaz, incluso a pesar de transmitir la sensación de vivir en una burbuja privada.

En lugar de ocuparse en actividades orientadas a fortalecer la seguridad en sí mismo, habitualmente retrocede hasta su mente, creyendo que desde la seguridad de ésta logrará finalmente entender cómo se hacen las cosas, con la intención de regresar algún día al mundo real.

Las ideas del eneatipo 5 son prácticamente su única fuente de seguridad, por lo que las propone y defiende con suma pasión, incluso cuando él mismo no esté muy seguro de la posición que defiende.

En su afán por retirarse del mundo para no ser lastimado, observa la vida desde su refugio, sintiéndose como un extranjero en un país desconocido.

Su aislamiento obedece al pánico de ser absorbido por otros; acercarse demasiado a ellos supone que de algún modo intervienen en su vida, por lo que su estrategia supone el distanciamiento y el abandono de las relaciones. Prefiere arreglárselas solo; la gente no es realmente amorosa y es un mal negocio relacionarse con otros, pues el amor que ofrecen es manipulador y supone entregar demasiado a cambio, organizando su vida desde la base de no necesitar a nadie y ahorrando al máximo sus recursos propios.

rafaelmoriel.com

Refugiado en su mente, anhela descubrir el por qué de las cosas, entendiendo cómo funciona el mundo en general y cualquier cosa en particular. Siempre está investigando, haciendo preguntas y ahondando en diversos temas.

El eneatipo 5 es extremadamente racional, analítico, poco expresivo y misterioso. Es muy difícil que conecte o se abra a los demás y a pesar de su híper sensibilidad, posee una apariencia fría y lacónica, desviando su atención de los sentimientos para centrarla en el pensamiento, con el fin de observar el mundo de un modo imparcial.

24.6-Manifestación de la Avaricia

La avaricia puede manifestarse a través de las siguientes actitudes:

Autonomía: necesidad de exclusividad e independencia. Posee una gran capacidad de supervivencia y frecuenta un estilo de vida austero.

Acumular conocimientos: se distingue por su especial predilección para ampliar su patrimonio intelectual mediante la reflexión y la discusión, incluso acerca de conceptos abstractos, así como la lectura de temas que considera interesantes y estimulantes.

Distanciamiento emotivo: tendencia que se advierte en su limitado nivel de autoconciencia emotiva, en la sensación de vulnerabilidad, en la relación con otras personas al nivel de los sentimientos, así como en el miedo a una implicación afectiva y el consiguiente peligro de dependencia.

Huida de los compromisos: el eneatipo 5 se siente incómodo a la hora de asumir compromisos a largo plazo, porque podrían privarle de la necesaria libertad e independencia. Puede negarse al matrimonio porque los hijos le exigirían tiempo y energía que no está dispuesto a restar de otras esferas vitales de su existencia.

Dejarlo para más tarde: prefiere observar, pensar a actuar. Tendencia a aplazar las acciones y renuncia al protagonismo.

24.7-Comportamiento y Posibles Actitudes

La avaricia del eneatipo 5 puede mostrarse bajo diversas formas:

Distanciamiento emocional respecto a los demás.

Protege su privacidad, no conectándose. Se aísla de los sentimientos, las personas y las circunstancias.

Agobiado por los compromisos y las necesidades ajenas, sólo confía en sí mismo. Su sentimiento de carencia le empuja a retener lo que posee.

Carácter tímido e introvertido. Mantiene un orden intelectual.

Prefiere vivir solo o aislado, alejado de las tensiones emocionales. Desconecta el teléfono y permanece apartado en los grupos sociales, pudiendo presentar problemas sociales de comportamiento.

Avaricia de dinero, tiempo y energía. Se cierra para no dar (si doy lo poco que tengo, me quedo sin nada).

Se cansa fácilmente de la vida social, disfrutando en su encierro de cada relación a través del recuerdo.

Agrede retirando el cariño: prefiere permanecer libre de obligaciones, huyendo del compromiso.

Reserva sus sentimientos y no llora con facilidad.

Se siente atrapado por todo. Sus andares y movimientos son de carácter torpe. Permanece retraído y frenado por temor al rechazo y la pérdida, de modo que sus acciones resultan rígidas y torpes.

Reduce al mínimo sus necesidades, llegando a mostrarse furtivo, nervioso y cerebral.

Desconecta del otro a través del desconectar de sí mismo.

Parece no tener emociones, acaso como si estuviera seco y falto de vitalidad. Puede experimentar emociones intensas, pero a pesar de su mente híper activa apenas muestra su mundo interior.

rafaelmoriel.com

Su impulso es tan débil que difícilmente pasa a la acción, prefiriendo aguardar pasivamente en su encierro, hasta que llegue la atención o el contacto ajeno, o simplemente se cumplan sus necesidades.

El aislamiento forma parte de su existencia y no siente angustia al no contactar con otros.

Habitualmente es escaso en la comida y en la bebida, con marcada tendencia a la tacañería, manteniendo un registro preciso de lo que da y lo que le deben.

Bajo su indiferencia esconde sus pensamientos, sentimientos y deseos internos.

Dificultad para comunicar sus necesidades, pudiendo llegar a ser catatónico.

No acepta opiniones ni doctrinas recibidas, examinando por sí mismo la verdad de todas las suposiciones.

Invierte más tiempo en soledad que en compañía de otros, imaginando realidades alternativas.

Al igual que ocurre con el eneatipo 4, el eneatipo 5 duda de su capacidad para llevar a cabo las cosas tan bien como otros. Tras su implacable búsqueda del conocimiento oculta una profunda inseguridad respecto a su capacidad para funcionar adecuadamente.

Inquietud ante necesidades ajenas que le distraigan de sus proyectos, protegiéndose de las intrusiones a costa de intensificar su actividad mental.

Abrumado por las personas o circunstancias, desconecta sus sentidos y emociones, retirándose a su mente para evaluar las situaciones con mayor objetividad. Se encierra en sí mismo y prefiere distanciarse en reuniones sociales, relaciones íntimas u otras implicaciones.

Acceder a él resulta difícil: responde con evasivas al preguntarle dónde estuvo, no responde al teléfono o esquiva a quien intenta acceder a su mundo interior.

rafaelmoriel.com

Controla la calidad y cantidad de sus interacciones, protegiendo la privacidad.

Su alejamiento de la vida es una forma de hostilidad encubierta, una negación a gritos no expresada, un rechazo silencioso.

Su falta de implicación puede mostrarse a través de la arrogancia, la superioridad y el desdén. Pese a su fama de tranquilo y especialmente en el caso del subtipo social, puede llegar a comportarse de un modo muy soberbio y arrogante.

Su principal recurso para distanciarse es el aislamiento, separando sus sentimientos emocionales de los recuerdos y pensamientos.

Es capaz de recordar situaciones dramáticas sin experimentarlas; puede pensar en un amigo o pareja con quien haya discutido sin mostrar emociones, llegando a la conclusión de que esa persona nunca le ha importado, con tal de protegerse del trastorno emocional que pueda causarle su recuerdo. Capaz de relatar un trauma grave sin sentimientos, con el espíritu objetivo de un reportero de prensa.

24.8-Infancia

El eneatipo 5 aprendió desde pequeño a arreglárselas con poco, no pidiendo nada para no entregar nada a cambio, aislándose en su propio mundo, donde no llega a sentirse solo.

Durante la niñez pudo sentirse invadido, por lo que reserva su espacio y su privacidad. Percibe el mundo exterior como invasivo y peligroso. Prefiere conformarse con poco antes que arriesgarse a salir de casa. Posee una gran imaginación y capacidad de pensamiento y análisis, aunque vive la vida como un mero espectador.

Siente una gran necesidad de afecto y busca alguien especial para llenar su vida, paralizándose al intentar acercarse, desconectado de sus emociones y creando un enlace mental con el mundo.

24.9-Liderazgo

El liderazgo que es capaz de ejercer el eneatipo 5 es un liderazgo intelectual, con capacidad para buscar el origen de las cosas desde un punto de vista empírico. Existe una clara orientación hacia el conocimiento y la investigación.

Líder científico. Sabio solitario.

Posee una gran capacidad de observación de la realidad y puede ser muy buen asesor.

24.10-Subtipos

El eneatipo 5 es muy hermético, lo que dificulta la diferenciación de sus diferentes subtipos, existiendo pocos matices entre sí (al contrario que sucede, por ejemplo, con los eneatipos 4 y 6).

Subtipo Conservación (Refugio, guarida)

Refugio, guarida.

Es el mental de los tres subtipos, lo que lo convierte en un gran intelectual. Muy tímido, con un gran mundo interior que contrasta con la limitación de su mundo exterior, sus recursos son tan limitados que lo llevan a convertirse en una persona muy mezquina.

Existe una necesidad neurótica de aislarse, una pasión por esconderse para no desgastarse y conservar así las energías por si no hay algo más para más adelante. A menudo tienen muchos problemas para relacionarse con los demás y para ello suele recurrir mayormente a drogas sociales como el alcohol, etc.

Justificación personal: «me escondo, luego existo». Existe una enorme incapacidad para mostrar su disconformidad y una necesidad compulsiva de comprender las cosas, de una forma puramente racional, acercándose sólo a quien considera interesante, intelectualmente hablando.

Su pasión satélite es el aislamiento, en el sentido de que se distancia especialmente del mundo, viviendo con lo mínimo e indispensable, acaso como un ermitaño, pudiendo llegar a padecer graves problemas de comunicación. Su avaricia se muestra a menudo guardándose el conocimiento y no compartiéndolo.

Su vida transcurre desde un refugio de muy difícil acceso. Siente placer en la abstinencia y el estoicismo. Es el más egoísta y oculto de los tres subtipos, resultando especialmente frío e inexpresivo.

Existe una tendencia a guardar cosas que no utiliza ya, quizá con la excusa de que si algún día tiene que utilizarlas, no se gastará dinero (Diógenes). Es el tacaño.

Muy desconfiado, falto de energía y de acción, frecuenta hobbies e intereses solitarios y necesita disponer de un espacio enteramente suyo, donde permanecer a solas para recargar sus energías.

Subtipo Social (Tótem)

Tótem.

Existe una necesidad neurótica por lo sublime, en lugar de por lo que hay, y una pasión por el conocimiento hermético.

Justificación personal: «sé, luego existo».

Frecuenta las jerarquías de sabiduría y se interesa mucho por el conocimiento secreto, lo alternativo y lo ancestral, queriendo formar parte en las reuniones de sabios, en lo referente a dichos temas. Sólo se acercan a quienes comparten sus intereses.

Arrogante y firme en sus ideas. Es un social anti social, padeciendo un conflicto crónico al tratarse de un eneatipo 5 con orientación social. Todo esto conforma una tendencia radical, que en ocasiones le hacen comportarse como si acaso el resto de la gente conformara una pandilla de ignorantes.

Es el subtipo instintivo, orientado a la acción. Su pasión satélite es la especialización, en el sentido de desear el conocimiento supremo, y siempre están buscando el sentido de las cosas. Se siente atraído por los títulos, diplomas, condecoraciones o símbolos de poder intelectual, siendo un intelectual por excelencia. Proyecta una imagen muy elevada, acaso como si hubiera alcanzado el cielo.

Su relación con los demás se realiza a través del conocimiento, bien como aprendices y discípulos, maestros e instructores, aspirando a ser un chamán, un gurú o sabio, etc. Arrogante y soberbio, defiende sus ideas con ardor, tanteando de modo continuo, para ver si perteneces o no a su entorno. Se relacionan más con las ideas que con las personas.

Es el más misterioso de los tres subtipos, atrayendo y seduciendo a través del silencio. Enigmático y muy observador, se esfuerza en dar la sensación de poseer un conocimiento especial. Busca el saber supremo, el ideal absoluto, con la certeza de que el conocimiento es poder.

Diferencia muy bien entre los compañeros de trabajo, los familiares y amigos, etc., dificultando su integración y aislándolos entre sí, reservando a cada grupo su propio espacio para no contaminarse.

Es un idealista que desea formar parte de la solución, llegando a actuar con una cierta superioridad intelectual. Al igual que el eneatipo cuatro puede entrar en el sin sentido, sintiendo una fuerte atracción por la vida y la muerte, aunque sus depresiones, al contrario de las del eneatipo cuatro, son mayormente secas.

Subtipo Sexual (Confianza)

Confianza.

Es el subtipo emocional y asimismo el contra pasional, lo cual se traduce en que su personalidad muestra muchas similitudes con el eneatipo 4, llegando incluso a ser energizado y llorón.

Existe una necesidad neurótica de poner a prueba al otro para confiar en él, y una pasión por buscar el amor absoluto en el que darse a conocer.

Justificación personal: «Confío, luego existo».

Su pasión satélite es la confianza, siendo el subtipo más intenso y enérgico de los tres. Confía en muy pocas personas, aunque plenamente, y a menudo necesita mucha información acerca de cómo es la relación de amistad con él, o el amor, etc., puesto que finalmente hace de todo ello algo mental, y no emocional.

Se encierra mucho menos que el resto de subtipos, llegando a enseñar su mente y su corazón, relacionándose muy bien en el terreno de uno a uno. Busca a alguien a quien confiar sus secretos y vivir junto a él en su burbuja, pudiendo llegar a relacionarse con el mundo externo a través de una sola persona. A menudo son grandes escritores o músicos.

Es el más extrovertido y se apaga menos que el resto de subtipos, dada su intensidad como subtipo sexual. Habitualmente es romántico, desilusionándose en la búsqueda de una pareja ideal que sólo existe en su mente, a la que idealiza y de la que se siente decepcionado (satisfacción alucinatoria del deseo).

Puede entregar sexo en vez de sentimientos y a menudo presenta una actividad de contactos intensa, seguida de largos periodos de aislamiento.

Su pareja es lo más importante, haciendo del otro una parte de sí mismo y poniéndolo a prueba constantemente para comprobar que es digno de su confianza. Con frecuencia exige demasiado a sus allegados y entrega muy poco a cambio.

24.11-Integración

La superación del eneatipo 5 consiste en cultivar la virtud del desinterés, mediante la práctica de las siguientes actitudes:

Compartir los propios conocimientos sin temor a empobrecerse.

No dar por supuesto que el modo de pensar propio es superior al de los demás, siendo consciente de que existen diversos tipos de inteligencia.

Tomar la iniciativa de revelar los propios sentimientos para establecer relaciones de intimidad.

Implicarse en la acción y con los demás, a fin de disminuir el propio aislamiento.

Esforzarse por trabajar en equipo, sin limitarse a confiar en los propios recursos.

rafaelmoriel.com

Dejar que la vida sea maestra, mejor que depender de los propios esquemas mentales de referencia.

Mantenerse en contacto con la propia corporeidad y encauzar las energías a la acción.

Mediante la práctica de dichas actitudes, el eneatipo 5 logra progresar en los siguientes aspectos:

Puede mostrar un excelente poder de decisión, siendo un gran intelectual.

Incorpora sus percepciones del mundo, identificándose con ellas en vez de observarlas tan sólo. Ya no se identifica sólo con sus pensamientos, sino también con los objetos de los mismos.

Supera su temor a confiar en sí mismo, aumentando la confianza y comprendiendo que aunque crea saber poco, ya es más de lo que saben otros muchos.

Comprende que no tiene que saber absolutamente todo antes de poder actuar: se aprende más actuando, siendo capaz de resolver problemas en la medida que surjan.

Comprende que la certeza absoluta es una ilusión inaccesible.

Actúa a partir de una comprensión de su propia capacidad genuina, sabiendo lo suficiente como para conducir a otros con confianza. Lo correcto de sus ideas ha sido tan confirmado por la realidad, que no teme actuar. Adquiere el valor suficiente como para ponerse en juego a sí mismo y a sus ideas.

Aprende su capacidad de aportar algo valioso a los demás. Sus pensamientos adquieren expresión a través de la acción y el liderazgo. Muestra a los demás cómo hacer lo que sólo él sabe hacer. El valor práctico de sus ideas es incalculable.

24.12-Enfermedad y Desintegración

El Eneagrama no está orientado a las distorsiones de la personalidad y patologías mentales. En su patología o enfermedad, el eneatipo 5 puede mostrar un trastorno pasivo-agresivo o de personalidad evasiva. Puede ser esquizoide o esquizotípico, padecer crisis psicóticas, disociación, depresión y suicidio.

Creciente hostilidad hacia los demás, especialmente cuando sus ideas o su persona esa cuestionada, hasta el punto de ser repudiado.

Pone todo su esfuerzo en desgranar todo aquello que pueda parecer positivo, en un incansable esfuerzo por demostrar la imposibilidad de las relaciones humanas, justificando su pureza intelectual como excusa para no participar de las ventajas burguesas o de otros que jerárquicamente están por encima, etc., rechazando todo lo que pueda influenciarle.

El odio aparece, fruto del desprecio hacia todo lo demás, desembocando en una paranoia en la que todo es peligroso y pretende su destrucción.

Confundiendo sus ideas, cree relacionarse realmente, pudiendo alcanzar un estado de locura creyéndose perseguido o que extraterrestres pretenden comunicarse con él por algún conocimiento concreto, pensando que le han pinchado el teléfono o le han instalado un micro chip, etc.

La distancia respecto a los demás puede ser tan grande que habita la casa vacía. Esquizofrenia o manía hacia nuevas experiencias que no le ayudan, perdiendo el control hasta el asesinato o el suicidio.

24.13-Ficha Básica del Eneatipo 5

Pasión: la avaricia.

Centro: pensamiento.

Fijación: mezquindad.

Visión de sí mismo: «yo sé más».

Estructura de temor (lo que evita): vacío.

Estructura de deseo: sentirse lleno, saberlo todo. Degenera en una especialización inútil.

Trampa o justificación: saberlo todo.

Calificativos: El Pensador. El Innovador. El Especialista. El Radical. El Experto. El Observador.

Hábito: postura como colgada de un gancho. Indiferente, pálido, poco vital. Contenido y controlado, con un lenguaje corporal poco expresivo. A menudo es desproporcionado, de caminar lento y mirada perdida.

Parte del cuerpo predominante: cerebro.

Famosos: Bill Gates. Stephen Hawking. Marie Curie. Albert Einstein. Agatha Christie. David Lynch. Isaac Asimov. Franz Kafka. Friedrich Nietzsche. Charles Darwin. Stephen King. Tim Burton. Claudio Naranjo. Bjork. Sinead O´Connor. Stephen Hawking. Eugenio (humorista). Daniel Faraday (AC) y Ben Linus (social) de la serie «Lost».

24.14-John Lennon Como Eneatipo 5 del Eneagrama

John Winston Lennon nació el 9 de octubre de 1940 en Liverpool, durante un bombardeo de la aviación nazi.

Su padre fue un marinero mercante que nunca estaba en casa y su madre frecuentaba la bebida y los pubs, teniendo una hija fuera del matrimonio que dio en adopción. A los cinco años de edad, John Lennon tuvo que elegir a uno de sus padres, quedándose finalmente con su madre, que más tarde lo entregó a su tía Mimi para que lo criase, quien había denunciado la situación a los servicios sociales. John Lennon visitaba a su madre, que le enseñó sus primeros acordes en un banjo, muriendo atropellada por un conductor ebrio cuando él tenía diecisiete años. John conocía a Cynthia Powell de la escuela de arte, con quien se casó y tuvo su primer hijo.

Tras una etapa repleta de actuaciones, llegó la decadencia. Stu y John barajaban diferentes nombres para el grupo y a Stu se le ocurrió Beetles, que John Lennon transformo en Beatles.

Tras numerosas actuaciones en Hamburgo, conocieron a Astrid Kircherr, creadora del peinado de los Beatles. Se sucedieron las actuaciones y Brian Epstein accedió a representarlos. Tras grabar varios sencillos en Hamburgo, Brian consiguió grabar en EMI con el productor George Martin, a quien no le gustaba la forma de tocar la batería de Pete Best, por lo que en 1962 ficharon a Ringo Starr. Su primer sencillo, «Love me do», obtuvo un notable éxito, logrando con «Please, Please Me» el éxito mundial.

John fue el miembro más incisivo del cuarteto y acostumbraba a provocar con sus indirectas: cuando actuaron en Royal Command Performace ante la reina, al término de una canción, John dijo: «los que ocupen los asientos más baratos, tengan la bondad de aplaudir; el resto, puede hacer sonar sus joyas». En marzo del 65 John Lennon protagonizó un escándalo tras declarar en una entrevista, en la que un periodista le preguntó acerca de la religión: «el cristianismo se desvanecerá o se empequeñecerá. Nosotros somos más populares que Jesucristo».

En 1966 conoce a Yoko Ono. Tras seis años de matrimonio, Cynthia inicia los trámites de divorcio, y en abril del 69 se casa con Yoko. En 1975 nace su segundo hijo. John Lennon y Yoko Ono siempre se manifestaron a favor de la paz y en contra de la guerra: Lennon pasó de ser una persona muy agresiva y machista, a defender la paz y los derechos de las mujeres entre otras causas, siendo vigilado por los servicios de inteligencia. Se ausentó durante años de la vida pública y tras sus actuaciones prefería permanecer en su habitación leyendo un libro que figurar de protagonista.

En octubre de 1980 graba Double Fantasy, disco de oro que obtuvo un notable éxito. El 8 de diciembre de 1980 un fanático le pide un autógrafo, disparándole por la espalda hasta matarlo.

25-Eneatipo Seis (6): el Escéptico

«Soy muy responsable, trabajador, leal y fiel. Tengo una mente inquisitiva y vigilante. Dudo antes de tomar una decisión. Tiendo a preocuparme por todo. Suelo terminar lo que me propongo. Lo más importante, para mí, es mi seguridad y la de los míos. Soy directo y asertivo. Cuestiono la autoridad y desconfío de alguien que me alaba mucho. Pienso: ¿qué querrá de mí?».

25.1-Consideraciones Importantes

Sea cual fuere su eneatipo básico, los eneatipos en las direcciones señaladas por las flechas influyen en su personalidad global, permitiendo ambos movimientos, así como la integración y la desintegración en ambos casos. Para obtener una respuesta más acorde a la misma, no sólo debe tomar en cuenta el eneatipo básico y su ala correspondiente, sino los dos eneatipos correspondientes a las direcciones de las flechas conectadas con su eneatipo básico en el Eneagrama. Los rasgos de los cuatro eneatipos pueden mezclarse en su personalidad global, proponiendo un marco más amplio y acorde a la realidad. Tomando como ejemplo un eneatipo 6, es muy difícil identificarse completamente con él: cualquier eneatipo 6 posee un ala 5 ó 7, así como un movimiento hacia el 3 y otro hacia el 9, que juegan un papel importante en la personalidad global.

A través del test del Eneagrama es posible dibujar un mapa completo de nuestra personalidad, teniendo en cuenta que el resto de eneatipos influyen en nuestra personalidad global.

25.2-Situación en el Eneagrama

El eneatipo 6, junto a los eneatipos 5 y 7, conforma el trío mental o racional, caracterizado por la importancia de valorar mayoritariamente las consecuencias de la conducta en el futuro.

Contrariamente, el trío emocional (eneatipos 2, 3 y 4) otorga mayor importancia al pasado y los sentimientos, así como el trío visceral (eneatipos 8, 9 y 1) se centra en el momento presente, de carácter relevante.

A grandes rasgos, el eneatipo 6 maneja sus energías de un modo intermedio, entre la extroversión y la introversión (eneatipos 3, 6 y 9), en un intento de conciliar ambas tendencias y sin desarrollar ninguna especialmente.

Contrariamente, otros eneatipos obran de manera introvertida (eneatipos 1, 4 y 5), atendiendo primordialmente a su mundo interno y a sus necesidades, o bien de un modo extrovertido (eneatipos 2, 7 y 8), centrando su atención en el entorno y las personas que le rodean.

La personalidad global del eneatipo 6 puede estar influenciada de un modo notable por su ala (5 ó 7), así como por sus posibles saltos al eneatipo 9 y al eneatipo 3.

25.3-Hábitos

El eneatipo 6, caracterizado por la sospecha, puede mostrar los siguientes hábitos:

Ambivalente.
Proyecta sus miedos a través de los demás.
Leal, fiel.
Obediente,tímido.
Dudoso, paranoide.
Busca culpables.
Racional, híper-controlado.
Víctima.
Desconfiado, vigilante e inseguro.
Escéptico, pesimista, amargado.

25.4-El Miedo Como Pasión

Según la RAE, el miedo se define como la perturbación angustiosa del ánimo por un riesgo o daño, real o imaginario. Un recelo o aprensión por temor a que suceda algo contrario a lo deseado.

La contradicción y ambivalencia del eneatipo 6 le convierten en una persona muy lógica y racional, pero también quizá en la más paradójica de las personalidades contempladas en el eneagrama, por lo que resulta un carácter muy difícil de comprender, resultado de sus propias contradicciones. Su enorme ambivalencia hace que personajes tan diferentes como Woody Allen o Adolf Hitler compartan eneatipo, señalados ambos por el miedo.

La característica principal del eneatipo 6 es que, a pesar de cumplir con los patrones descritos asociados a su personalidad, en ocasiones puede resultar imprevisible, por lo que también suele ser cierto todo lo contrario a lo esperado, en cualquier caso.

Contrariamente a la aletargada existencia del eneatipo 9, el eneatipo 6 vive en un estado de alerta constante, acuciado por una especie de mecanismo de alarma que le avisa de cualquier peligro, posible o imposible.

El miedo puede empujarle a ser muy obediente, cumpliendo las reglas al pie de la letra, obteniendo una sensación de seguridad, como si el apego a las reglas le otorgase una cierta inmunidad en la que nadie pueda hacerle daño.

Su miedo y cobardía afloran en forma de ambivalencia y duda, a través de una actitud híper vigilante que conlleva ansiedad: miedo al cambio, a cometer errores, miedo al fracaso, a lo desconocido, a soltarse, a la hostilidad, al engaño, a no ser capaz de sobrellevar las situaciones, a no sobrevivir, a la soledad en un mundo amenazante, a la traición, a la trasgresión, a la culpa, al castigo, miedo a entregarse, miedo a amar, etc.

Nacidas a partir de su pensamiento negativo, el eneatipo 6 puede gozar de notables ventajas: la búsqueda de lo que puede salir mal y de quién puede hacerle daño, le mantienen atento y vigilante, centrado en el presente.

El miedo antepone la seguridad al cumplimiento de sus pretensiones, deseos y sueños, frenados a menudo por la auto justificación: «me encantaría ser guitarrista de estudio, pero no se puede vivir de ello». «Hubiera querido estudiar psiquiatría, pero en la consulta se trata a gente con patologías graves a diario».

25.5-El Miedo Como Excusa

El eneatipo 6 es capaz de afrontar el miedo de dos modos posibles: huyendo, o adelantándose a través de la lucha.

Su vida transcurre bajo una gran ambivalencia existencial: no sólo duda de sí mismo y de los demás, sino que cuestiona incluso su propia duda. Quiere creer en sí mismo, en los demás y en lo que acontece alrededor. Sin embargo, siempre le está buscando «tres pies al gato» para poder creer y confiar con seguridad.

Paradójicamente, el eneatipo 6 puede perder su miedo en momentos de verdadero pánico. Sus miedos son mayormente de carácter futurista, impregnados de tinte previsor y catastrófico, lo cual se traduce en una verdadera ansiedad por la supervivencia.

Desconfía de todo, y de todos. Habitualmente presenta un comportamiento paranoide y está convencido de que todas las personas son una amenaza, y muy probablemente tengan intenciones de atacarle en cualquier momento o destruirle, en el peor de los casos. Por todo ello permanece en una actitud de guardia e híper vigilancia, viviendo su vida como el personaje Billy Bones en «La Isla del Tesoro», un viejo marinero que esconde el mapa del tesoro del capitán Flint; alojado en la posada «El Almirante Benbow», acontece su existencia vigilando con su catalejos el horizonte, aguardando la llegada del malo.

Su comportamiento normalmente va orientado a cumplir con la autoridad, fielmente y con férrea actitud, hasta el momento en que ésta le muestre pruebas de que no es de su confianza. Entonces y de modo automático, se transforma en opositor.

Inofensivo en soledad, agrupados y bien constituidos pueden llegar a ser una terrible amenaza (nazismo).

En la escala jerárquica, el eneatipo 6 se muestra muy sumiso con los que tiene por encima, y déspota con los que están por debajo.

Su comportamiento suele ser, por tanto, «pelotero» o «lame botas».

Actúa sólo tras analizar cuidadosamente cada paso y su consecuencia posible, conociendo con suma precisión donde está situado y qué piensa, y sobre todo, cuáles son las posibles variables nefastas que pueden entrar en juego en cualquier momento.

En su afán por sentirse seguro y poder confiar, se debate entre el deseo de complacer o ponerse en contra, obedecer o rebelarse, admirar o invalidar, amar u odiar, mezclando una y otra vez su confianza y su duda.

La ambivalencia y desconfianza del eneatipo 6 le hace vivir en un mar de incertidumbres, buscando una autoridad a la que aferrarse y en la que creer, ya sea a través de una persona o de una institución, en quien poder confiar y que al mismo tiempo le sirva de guía.

25.6-Manifestación del Miedo

El miedo del eneatipo seis puede manifestarse a través de las siguientes actitudes:

Incertidumbre crónica: la persona vacila, no porque esté confusa acerca de las tareas que debe realizar, sino porque cuestiona sus propias capacidades. A menudo carece de confianza personal, dudando de sí mismo y vacilando a la hora de tomar decisiones, presentando una tendencia a recopilar de continuo información actual para no correr el riesgo de equivocarse.

Dependencia: la recuperación de la seguridad personal es posible a través de la fiel observación de las reglas y normas, así como de la obediencia a la autoridad, mientras que las situaciones no estructuradas le provocan ansiedad.

Sospecha: no se fía fácilmente de las personas y tiende a dudar de las intenciones ajenas. Presta especial atención a los mensajes verbales y no verbales o significados ocultos, desconfiando y criticando a quien transgrede, permaneciendo atento para prevenir eventuales peligros.

rafaelmoriel.com

Intolerancia ante la ambigüedad: el eneatipo 6 posee una innata necesidad de claridad, de llamar a las cosas por su nombre, y es por ello que no soporta la idea de la ambigüedad, por lo que puede mostrarse rígido e inflexible frente a aspectos o interpretaciones de la verdad que no coinciden con la suya propia, o que le resultan dudosas y ambivalentes.

Búsqueda de amistad: evita el peligro de ser rechazado, promoviendo una imagen positiva de sí mismo a través de la hospitalidad, la afabilidad y la amabilidad, pecando en ocasiones de obsequioso o de mostrar una exagerada lealtad.

Temeroso: obediente, repleto de dudas. El pensar sustituye al hacer, por temor a ser atacado al exponerse. Es leal a las causas, vacila, se siente perseguido y se rinde cuando le acorralan, enfrentando su terror de un modo muy agresivo.

25.7-Comportamiento y Posibles Actitudes

El miedo del eneatipo 6 puede mostrarse bajo diversas formas:

Temeroso, obediente, repleto de dudas.

Tímido, dependiendo del subtipo en cuestión.

Habitualmente sustituye el pensar por el hacer, temiendo ser atacado al exponerse.

Tendencia a controlar, sin permitir el instinto o la intuición.

Como mecanismo de defensa proyecta los aspectos que rechaza de sí mismo sobre los demás.

Acusador de los demás y de sí mismo.

Se siente vigilado. Paranoico.

Vive siempre bajo la sensación de que en cualquier momento va a ocurrir una grave catástrofe.

Posee una especie de sexto sentido para intuir y desenmascarar las mentiras.

Necesita apoyarse en otro, buscando la alianza por temor a su propia indefensión.

Obediente con los de arriba y autoritario con los de abajo.

Su ansiedad de supervivencia le hace ahorrar todo lo posible en previsión de épocas de vacas flacas.

Busca seguridad y garantías, intentando proteger a toda costa sus apuestas e inversiones.

Piensa que la vida está plagada de peligros e incertidumbres, por lo que la aborda con cautela y expectativas moderadas.

Muestra un mayor interés en establecer y mantener sus redes de seguridad que trabajando por sus objetivos y aspiraciones propias.

Imagina la peor de las situaciones con la idea de que todo es peligroso o puede llegar a serlo, contemplando sus posibles consecuencias.

Para evitar equivocarse cree necesario ser dependiente de otra persona más fuerte o más sabia en quien confiar, que dé la orden o la autorización necesaria, contra la que se rebela a menudo.

Acusador de quien no cumple las reglas, se refugia en la seguridad que otorga su cumplimiento para buscar otros culpables.

Leal a una causa.

Vacila, se siente perseguido y se rinde cuando le acorralan. Sin embargo, al sentirse acorralado puede enfrentar su miedo de un modo agresivo.

Para aliviar su inseguridad trata de encontrar una figura protectora sólida, o bien ir en contra de la autoridad. Habitualmente brinda su lealtad a una institución protectora: la empresa, la religión, etc.

Leal en extremo.

Encuentra su identidad y su seguridad en un grupo al que pertenece.

Lucha contra el miedo.

Miedo a ser castigado.

Nivel muy alto de culpabilidad.

Una vez ha tomado una decisión, continúa sumido en la duda.

Reprime fuertemente sus deseos. Su mayor temor puede ser dar rienda suelta a sus impulsos agresivos y sexuales, lo cual le conduce a un sentimiento de impotencia.

Le cuesta poder confiar y entregarse a otras personas.

Pide consejos a todo el mundo, aunque finalmente obra como le parece.

25.8-Infancia

El eneatipo 6 aprendió desde muy pequeño que el mundo es un lugar peligroso e imprevisible donde no se puede confiar en la gente, ya que siempre, de un modo u otro, terminan traicionándote. Este principio es la causa de que trate de acomodarse a la autoridad vigente, permaneciendo siempre listo y preparado, no vaya a ser que en cualquier momento suceda una catástrofe.

A menudo recuerda haber temido a personas que tenían poder sobre él, siendo incapaz de actuar por sí mismo.

25.9-Liderazgo

El liderazgo que es capaz de ejercer el eneatipo 6 es un liderazgo de colaboración o de sostenimiento del grupo. Siempre a un paso atrás del grupo, ejerce un liderazgo de consistencia.

Trabajador incansable, puede llegar a asumir el trabajo ajeno. Metódico y perseverante, aunque con dificultades ante los cambios.

25.10-Subtipos

El eneatipo 6 presenta una considerable diferencia entre los tres subtipos contemplados en el eneagrama. Podemos dividirlos en el «miedoso» (fóbico), el «prusiano» y el «contra fóbico», denominado también «fuerza».

La inseguridad del eneatipo 6 hace que a menudo fomente su participación en grupos, con la idea de vencer a través de sumar fuerzas. De todos los eneatipos es quien busca más seguridad integrándose en los grupos, clubes, equipos, asociaciones, gimnasios, grupos de chat o, en el peor de los casos, sectas, bajo el criterio de «ellos y nosotros», de modo que quienes pertenecen al grupo son uno mismo y el resto, quienes no pertenecen al grupo, resultan amenazantes.

Subtipo Conservación (Calidez)

Calor, calidez.

Es el emocional de los tres subtipos. Muy inseguro, es el que mejor acepta las normas en principio, aunque finalmente acostumbra a terminar revelándose. Es un rebelde con cara de bueno. Muy ambivalente, siempre forma alianzas. Cálido, acogedor, amigable y obediente, sumiso, seduce con su calidez para ser protegido, pudiendo llegar a adoptar un comportamiento pasivo agresivo. Puede confundirse con un eneatipo cuatro por su emocionalidad, un dos subtipo conservación o incluso un eneatipo nueve, subtipo sexual.

Existe una necesidad neurótica de calor, una pasión por el ambiente familiar, sin enemigos.

Justificación personal: «me protegen, luego existo».

Su pasión satélite es la calidez. Denominado el fóbico, o el «miedoso», lidia su miedo desarmando a su enemigo a través de su simpatía, su calor y su amistad, así como la necesidad de protección que siente. Es el más dependiente y el que más evita, teniendo una baja auto valoración de sí mismo.

Hogareño y familiar, es trabajador y responsable, desplegando una calidez personal destinada a desarmar la hostilidad ajena.

rafaelmoriel.com

Puede tener fijaciones hacia quienes le han ofendido, o quizá personas por las que se haya sentido atacado. Siente un gran respeto por la autoridad, contra la que más tarde o más temprano termina sintiendo odio, habiéndose entregado previamente con mucha sumisión.

El subtipo conservación siente su miedo de forma aguda, llegando a paralizarse ante la duda. Es tímido, indeciso y vacilante, pudiendo llegar a mostrar incluso ataques histéricos. Sumiso e inseguro, trata por todos los medios de mantenerse lejos del peligro. A menudo imagina catástrofes y situaciones límite, preocupándose en exceso por los asuntos económicos, siendo muy frecuente que presente conflictos a causa del dinero o de los bienes materiales.

Subtipo Social (Deber)

Deber, obligación.

Existe una necesidad neurótica de obtener unos puntos de referencia, reglas y normas, a los que atenerse. Una pasión por el «debe ser».Todo es blanco o negro a sus ojos, por lo que fácilmente se confunde con el eneatipo uno subtipo conservación, a causa de su rigidez.

Justificación personal: «obedezco, luego existo».

Su pasión satélite es el deber y la obligación de cumplir a toda costa. El subtipo social, también conocido como «prusiano» (en referencia al estereotipo de la rigidez alemana), se rige por el cumplimiento del deber. Necesita adscribirse a las normas y leyes, los estatutos, etc., identificándose mediante una manera concreta de pensar, todo ello para encontrar la seguridad. Convencido de que tiene la razón, es extremadamente rígido, correcto, responsable y controlado. Es el mental de los tres subtipos.

Gran devoción por cumplir con las responsabilidades, buscando la claridad de las reglas y las normas, que cumple fielmente como un modo de digerir su miedo a la autoridad y protegerse al mismo tiempo. Fanático. Con frecuencia busca la seguridad y el respaldo de amigos y aliados, valorando el número de elementos pertenecientes al grupo y no contemplando su vida sin la pertenencia a un grupo. Eficiente, legalista, no soporta estar en «tierra de nadie» y prefiere tener varias opciones para solucionar los problemas, sin decidirse por ninguna de ellas en concreto.

Su pensamiento está centrado en la creencia de que acatando las reglas y normas y portándose bien, nadie podrá castigarle. Obediente con el de arriba y tirano con el de abajo, acusa a quien no cumple con la autoridad, mostrando que acata las normas y tiene un buen comportamiento, al contrario que otros. Por ello es el más frustrado de los tres subtipos, pues siempre hay alguien del grupo que desobedece las normas, etc.

Puede llegar a ser un fanático obsesivo de una causa o grupo, sintiéndose parte de algo mucho más grande que él mismo. Necesita adscribirse a algo, para dejar de dudar. No soporta el caos, la improvisación, la intuición, el esoterismo, etc.

Amante de las normas, los protocolos y los uniformes. Trabaja para un grupo y no para él mismo.

Subtipo Sexual (Fuerza)

Fuerza, belleza.

Existe una necesidad neurótica de ser capaz de intimidar, una pasión por mostrar la fuerza y atacar antes de ser atacado. La belleza como complemento a la fuerza.

Es el instintivo, orientado a la acción. En el caso del hombre, la fuerza suele ser la pasión satélite, que muestra en público, haciendo alarde de ella. En el caso de la mujer, la pasión satélite es la «belleza», que es muy agresiva.

Justificación personal: «soy fuerte e intimido, luego existo».

Su pasión satélite es la fuerza, en el sentido de que ataca antes de ser atacado. Opuesto al «fóbico», el subtipo sexual o «contra fóbico» oculta su miedo mediante un comportamiento fanático que le hace sentirse fuerte y beligerante ante la vida, mostrando una imagen de fuerza y temeridad. No soporta tener un líder o alguien por encima, y es por ello que está compitiendo constantemente. A menudo se cree que es como el eneatipo ocho, pero a diferencia de éste presenta una paranoia mental de lo que acontece.

Puede disimular su inseguridad bajo una máscara de firmeza y desafío a la autoridad, o por medio del coqueteo y la seducción. Siempre está desconfiando y no termina nunca de confiar. Es rebelde, problemático, conflictivo, y puede ser un acosador paranoide y un maltratador.

Desea encontrar una pareja poderosa y le preocupa parecer débil o exhibir sus miedos, por lo que frecuentemente practica artes marciales o un estilo de vida que le haga parecer fuerte y disciplinado en extremo. Híper vigilante, duda constantemente de sí mismo y de los demás, con explosivas reacciones emocionales y tendencia a resultar depresivo y voluble.

Se arriesga continuamente y busca situaciones que representen un reto, poniendo a prueba su valor, fuerza y auto confianza. Necesita demostrar su poder en cualquier situación, para prever que nadie se vuelva en su contra. Se involucra en deportes extremos y artes marciales y frecuenta los gimnasios, escala los montes, etc., invirtiendo mucho tiempo en trabajar su físico para ser fuerte y poderoso. La mujer perteneciente a este subtipo posee una mezcla de fuerza, belleza y masculinidad.

Utiliza mucho el mecanismo de defensa de la proyección, creyendo que son los demás quienes hacen lo que él hace (tretas, chismes, etc.).

25.11-Integración

La integración del eneatipo 6 puede lograrse desarrollando la virtud del valor, mediante la práctica de las siguientes actitudes:

Consolidar la propia autoridad interior.

Aprender a correr riesgos y a tomar decisiones para ganar la propia confianza.

Crecer más en los valores de fondo que en las normas o instituciones.

Privilegiar la acción en lugar de obsesionarse con elucubraciones mentales teñidas de miedos y peligros, a menudo imaginarios.

Responsabilizarse de las propias opciones y acciones, sin esconderse detrás de la autoridad.

Expresar con claridad las propias ideas, sin dejarse llevar por el miedo o por la duda frente a posibles reacciones o críticas.

Promover la propia autonomía e independencia, tomando decisiones en sintonía con los propios valores, a pesar del contraste con el parecer ajeno.

Ser audaz: perder el miedo a sobreponerse.

Mediante la práctica de dichas actitudes, el eneatipo 6 logra progresar en los siguientes aspectos:

Resuelve su ambivalencia y su angustia respecto a sí mismo y los demás.

Es mucho más abierto, receptivo y compasivo con otras personas, ampliando su espectro emocional.

Emocionalmente se muestra estable, pacífico y sereno.

Adquiere autonomía e independencia, siendo alguien en quien se puede confiar.

Es capaz de reafirmar y apoyar a los demás. Se independiza y está paradójicamente más cerca de los demás, teniendo un mayor número de amigos.

Mayor autoridad: los demás le buscan porque es sano, maduro y bien intencionado con la gente. A su naturaleza juguetona y su sentido de humor se suma la alegría y el optimismo del eneatipo 9, obteniendo no sólo seguridad, sino la capacidad para confiar en los demás.

rafaelmoriel.com

25.12-Enfermedad y Desintegración

El Eneagrama no está orientado a las distorsiones de la personalidad y patologías mentales. En su patología o enfermedad, el eneatipo 6 puede padecer un trastorno pasivo agresivo o de personalidad evasiva. Trastorno paranoide, de dependencia, trastorno disociativo, personalidad evasiva, comportamiento pasivo agresivo y ataques de ansiedad intensos.

Ante el miedo al fracaso de su entendimiento con la autoridad siente una intensa angustia, volviéndose muy dependiente, con un fuerte sentimiento de inferioridad y falta de valor.

Su sentimiento de inferioridad contagia sus miedos a los demás, deprimiéndolos y obligándoles a alejarse. Existe un rechazo de todo elogio positivo y en estas condiciones ansía una persona fuerte que lo rescate.

Problemas psicosomáticos y recurrencia al alcohol y a las drogas. Se torna irracional e histérico con paranoia hacia los demás, proyectando sobre ellos y viéndolos como seres hostiles.

Temores irracionales e imposibilidad de razonar. Masoquismo en sus relaciones, derrotándose a sí mismo con tal de evitar ser derrotado, prefiriendo así restablecer su relación con la autoridad: siendo castigado antes que rechazado, llegando incluso al suicidio.

Mentiroso patológico, es capaz de herir por venganza y destruir a quienes no lo aman, convirtiéndose en un psicópata.

25.13-Ficha Básica del Eneatipo 6

Pasión: la cobardía.

Centro: pensamiento.

Fijación: duda.

Visión de sí mismo: «yo obedezco».

Estructura de temor (lo que evita): transgresión.

Estructura de deseo: sentirse seguro. Degenera en un fuerte apego a las creencias.

Trampa o justificación: seguridad.

Calificativos: El Escéptico. El Guardián. El Apagafuegos. El Leal. El Miedoso. El Incondicional. El Tradicionalista.

Hábito: Espalda ancha, cuello corto y fuerte, cuerpo estético, bien formado. A veces defensivo, con una mirada nerviosa e intermitente, o desafiante, sosteniendo la mirada. Otras veces con una mirada amable y divertida. Ojos vivaces, con chispa y que pueden cambiar de tonalidad según el estado interno. Movimiento corporal constante, nervioso, gesticulador.

Parte del cuerpo predominante: cabeza.

Famosos: Woody Allen. Adolf Hitler. Jean Claude Van Damme. Steven Seagal. Lee Harvey Oswald. Chuck Norris. Julia Roberts. Anthony Perkins. Meg Ryan. Kim Basinger. Michelle Pfeiffer. Mel Gibson. Rambo. Don Quijote. Sayid Jarrah (social), John Locke (social) y Kate Austen (sexual), de la serie «Lost».

25.14-Bruce Springsteen Como Eneatipo 6 del Eneagrama

Bruce Frederick Joseph Springsteen nació el 23 de septiembre de 1949 en Freehold (New Jersey). De padre irlandés y madre italiana, se compró una guitarra tras ver a Elvis Presley por televisión. En 1965 crea el grupo The Castiles, que sólo tuvo acogida en su pueblo. Tres años más tarde crea Earth, que termina llamándose Steel Mill. Tras su separación, en 1969, crea la Bruce Springsteen Band, logrando su primer contrato.

Conocido como The Boss, con The River consigue su primer número uno, iniciando una gira mundial, al término de la cual sorprende con un disco grabado con un magnetófono casero.

En 1984 lanza su mayor éxito de ventas: Born In The U.S.A, criticando en alguno de sus temas las miserias de su país.

En 2006 se inspira en la leyenda de Pete Seeger para publicar un nuevo trabajo, titulado We Shall Overcome - Seeger Sessions, en el que reivindica la canción protesta y la música folk. A los 55 años, Bruce Springsteen recupera la música que marcó su juventud, la más comprometida, la más solidaria y popular.

En 2009 publica Working on a Dream, un álbum alegre y variado, grabado al viejo estilo Born To Run, con muchas primeras tomas, base de guitarra, bajo, batería y teclados para añadir después la voz o algunos detalles. The Wrestler recibe el Globo de Oro a la Mejor Canción Original de Banda Sonora.

26-Eneatipo Siete (7): el Entusiasta

«Soy simpático, encantador, relajado y soñador. Puedo ser desorganizado e indisciplinado. Soy práctico, pero a veces quiero abarcar tanto, que no profundizo en las cosas. Tiendo a ver el lado bueno de la vida. Soy idealista, pienso que basta la buena voluntad para resolver los problemas del mundo. Me gusta sentirme libre e independiente y suelo aplazar o ignorar las tareas desagradables».

26.1-Consideraciones Importantes

Sea cual fuere su eneatipo básico, los eneatipos en las direcciones señaladas por las flechas influyen en su personalidad global, permitiendo ambos movimientos, así como la integración y la desintegración en ambos casos. Para obtener una respuesta más acorde a la misma, no sólo debe tomar en cuenta el eneatipo básico y su ala correspondiente, sino los dos eneatipos correspondientes a las direcciones de las flechas conectadas con su eneatipo básico en el **Eneagrama**. Los rasgos de los cuatro eneatipos pueden mezclarse en su personalidad global, proponiendo un marco más amplio y acorde a la realidad. Tomando como ejemplo un **eneatipo 7**, es muy difícil identificarse completamente con él: cualquier eneatipo 7 posee un ala 6 ó 8, así como un movimiento hacia el 1 y otro hacia el 5, que juegan un papel importante en la personalidad global.

A través del test del Eneagrama es posible dibujar un mapa completo de nuestra personalidad, teniendo en cuenta que el resto de eneatipos influyen en nuestra personalidad global.

26.2-Situación en el Eneagrama

El eneatipo 7, junto a los eneatipos 5 y 6, conforma el trío mental o racional, caracterizado por la importancia de valorar mayoritariamente las consecuencias de la conducta en el futuro.

Contrariamente, el trío emocional (eneatipos 2, 3 y 4) otorga mayor importancia al pasado y los sentimientos, así como el trío visceral (eneatipos 8, 9 y 1) se centra en el momento presente, de carácter relevante.

A grandes rasgos, el eneatipo 7 maneja sus energías de un modo extrovertido (eneatipos 2, 7 y 8), centrando su atención en el entorno y las personas que le rodean.

Contrariamente, otros eneatipos obran de manera introvertida (eneatipos 1, 4 y 5), atendiendo primordialmente a su mundo interno y a sus necesidades, o bien de un modo intermedio (eneatipos 3, 6 y 9), en un intento de conciliar ambas tendencias y sin desarrollar ninguna especialmente.

La personalidad global del eneatipo 7 puede estar influenciada de un modo notable por su ala (6 ó 8), así como por sus posibles saltos al eneatipo 5 y al eneatipo 1.

26.3-Hábitos

El eneatipo 7, caracterizado por la búsqueda del placer, puede mostrar los siguientes hábitos:

Hedonista.

Narcisista, egocéntrico, astuto y fraudulento.

Auto indulgente, exento de culpa. Explotador.

Simpático, alegre, bromista, joven de espíritu. Entusiasta.

Seductor, fantasioso, imaginativo y manipulador.

Versátil, charlatán, elocuente. Rápido de mente, persuasivo.

Curioso y vanguardista. Excéntrico.

Tramposo, compulsivo, sabelotodo (sin saber mucho de nada).

26.4-La Gula Como Pasión

Según la RAE, la gula se define como un exceso en la comida o bebida; un apetito desordenado por comer y beber.

La gula del eneatipo 7 no acostumbra ser la manifestación por excelencia de este carácter, que incluso en ocasiones se enmascara bajo el interés mostrado por dietas naturales y saludables, medicina natural, etc. Más allá de la misma, la gula como pasión conforma un desorden general, a través de una inclinación general al exceso y a la inmoderación, cuya máxima expresión idolatra el placer en sí mismo, alimentando la cultura de una satisfacción inmediata de los diversos apetitos y deseos.

La gula o inmoderación del eneatipo 7 puede manifestarse en diferentes aspectos: culturalmente, asistiendo a cursos con la intención de vivir nuevas experiencias o a través de una compulsión por los viajes, etc. A nivel físico, entregándose a los placeres de la cocina y del sexo. A nivel social, estableciendo nuevos contactos de continuo, con la intención de conocer otras personas y entregarse a nuevas e interesantes aventuras, y así sucesivamente. Contrariamente al eneatipo 4, que muestra una marcada tendencia a fijarse en sus carencias, el eneatipo 7 considera que nunca ha experimentado lo suficiente.

Más allá de la gula propiamente dicha, la existencia del eneatipo 7 gira en torno a la búsqueda del placer, evitando a toda costa el sufrimiento, el dolor y toda circunstancia o sentimiento de connotación negativa que pueda frustrar su característico optimismo.

El miedo y la intolerancia al dolor son los causantes de su hiperactividad, empujándole a probar un poco de todo sin profundizar ni desarrollar nada en concreto. Este comportamiento nace de su convencimiento de que cada día, cada nueva situación puede suponer algo diferente, por lo que ha de tenerlo muy en cuenta.

La gula del eneatipo 7 obedece a su convencimiento de que la vida es para disfrutarla al máximo, manteniendo la firme creencia de que todo lo bueno siempre está por llegar. Dicha creencia propicia su desconexión y la huida del sufrimiento y el dolor, poniendo todo su empeño en racionalizarlo a toda costa.

Su mecanismo de defensa es la racionalización, a través de la cual puede explicarlo todo. Racionaliza, explica, pone una etiqueta o elabora una generalización brillante con tal de no conectar con una emoción profunda y sufrir con lo ajeno.

La gula viene acompañada de una permisividad hedonista, auto indulgencia y una cierta rebeldía con tendencia anticonvencional, así como una falta de disciplina y una satisfacción imaginaria del deseo: inestabilidad, falta de compromiso, complacencia seductora, narcisismo, persuasión y fraudulencia.

26.5-La Gula Como Excusa

La gula del eneatipo 7 conforma un apetito de ideas y experiencias orientadas a la obtención del placer, que es su objetivo final. Su voraz apetito puede estar constituido de múltiples ideas, historias y referencias diversas: libros, drogas, comida y bebida o cualquier otra cosa que le resulte estimulante, incluyendo la atención ajena.

Su personalidad, afable y divertida, escapa ante la menor indicación de aburrimiento o circunstancias que presagien lidiar con problemas o situaciones que puedan lastimarle, en cualquier sentido. El encanto del eneatipo 7 radica en su jovialidad y el entusiasmo que pone de manifiesto en todo lo nuevo, encubriendo el concepto narcisista y sobrevalorado que tiene de sí mismo y una cierta rebeldía ante las normas y los comportamientos establecidos.

Denominado goloso o epicúreo, su comportamiento es a menudo similar al de un niño que no cesa de jugar, alimentándose de cuentos y diciendo todo cuanto se le ocurre. Presuntuoso e insolente, es simpático y aventurero por excelencia.

El eneatipo 7 es un soñador, un fantasioso que se dirige a las personas con intención de atraerlas y desarmarlas a través de su encanto. Es adicto a la planificación y a la diversión; locuaz y seductor, busca el placer sin descanso, mostrando un ansia por la satisfacción y evitando el dolor a toda costa. Habitualmente confunde los proyectos con la realidad, no tiene límites y siente que la vida tampoco los tiene. Narcisista por excelencia, por encima del eneatipo 3 y del eneatipo 2 (menos narcisista), su enorme ego le brinda una imagen de iluminado, tal como pone de manifiesto en su típica expresión «yo estoy bien», convencido de conocer e incorporar todo lo que ha de tenerse en cuenta, en una estructura de creencias firme.

Habitualmente disfruta de la gastronomía y los placeres del gusto. Es simpático y aventurero, evasivo del compromiso y de los límites. Abierto, es un compañero muy divertido que no termina lo que empieza, confeccionando planes que finalmente no ejecuta. Normalmente vende su proyecto, embaucando a otros para que lo lleven a cabo.

Por encima de cualquier cosa, su existencia transcurre realizando malabarismos con las posibles oportunidades y perspectivas futuras, para mantener siempre abiertas sus posibilidades. Así, en lugar de actuar, prefiere centrar todos sus esfuerzos en la planificación, la explicación, la generalización y el sueño, evitando a toda costa centrarse para sentir todo lo que ocurre y vivir el presente. Siempre tiene soluciones para todo: no hay problema o situación lo suficientemente grave.

El eneatipo 7 es un carácter complaciente con capacidad verbal extrema, llegando a comportarse como un auténtico charlatán: un vendedor, un embaucador, un tramposo, un encantador con mucho poder de persuasión. La vida es como un juego para él. Habitualmente es bastante divertido y da mucha importancia a su popularidad. Más allá de su inteligencia, utiliza la astucia: es generoso, pero sin renunciar a nada. Posee gustos exquisitos y una fuerte atracción por las experiencias sublimes. Elude los compromisos y no suele cumplirlos.

El eneatipo 7 es un soñador con un enfoque utópico de la vida. Su charlatanería puede interpretarse al tomar u ofrecer los sueños como realidades, ya que mantiene una confusión entre la imaginación y la realidad, los proyectos y las realizaciones, las potencialidades y los hechos.

26.6-Manifestación de la Gula

La pasión de la gula, entendida como una tendencia a excederse, puede asumir las siguientes actitudes:

Permisivismo: orientación instintiva a satisfacer las propias necesidades, concediéndose la libertad de obrar de acuerdo con el deseo del momento.

Narcisismo: amor desmesurado a uno mismo, que puede traducirse en el exhibicionismo y el protagonismo, o en la necesidad de aparecer como superior a los demás, intelectual o socialmente.

Seducción: valiéndose de su encanto social, resulta agradable, ganándose la benevolencia, el apoyo y la admiración ajena.

Falta de perseverancia: el entusiasmo demostrado ante los estímulos y las novedades se traduce en un abandono frente a las dificultades, escurriendo a menudo el bulto cuando hay que sacrificarse.

Rebelión: actitud de oposición a la autoridad, especialmente cuando ésta puede turbar su optimismo o ejercer algún tipo de control sobre su libertad e imaginación.

26.7-Comportamiento y Posibles Actitudes

La gula del eneatipo 7 puede mostrarse bajo diversas formas:

Gran persuasor y estratega, dotado de una prodigiosa habilidad expresiva.

Exagerado sentido de que todo está bien.

Se protege del dolor y la frustración a través del hedonismo. Su actitud optimista que no sólo le empuja a afirmar que él y los demás están bien, sino que él hace del mundo un buen lugar para vivir.

Mantiene su optimismo a través de la firme creencia de que el bien y el mal no existen. Sin culpa, sin obligaciones ni deberes, sin necesidad de realizar esfuerzos: sólo hay que disfrutar.

Transforma lo desventajoso en ventajoso.

A menudo es juguetón, divertido y versátil.

Optimista y espontáneo, sumido en una búsqueda constante de nuevas experiencias estimulantes.

Siempre vislumbra futuras posibilidades de obtener éxito.

Aunque parece poco fiable, habitualmente es muy responsable en su trabajo y lo desempeña con gusto.

Confunde el amor con el placer.

Hábil manipulador de las palabras, sobrepasa sinuosamente los límites de su propio conocimiento, seduciendo a través del intelecto, con marcada tendencia a convertirse en maestro, incluso sin una base mínima de conocimientos.

Se considera un experto en cualquier cosa incluso sin conocer nada, lo que suele envanecerle y a menudo le obliga a improvisar.

Es un encantador de serpientes, un charlatán al que le gusta influir, aconsejar y manipular a través de las palabras, poniendo trampas a todo el mundo con tal de llevar a cabo sus proyectos.

Compulsión a explicar las cosas. Se propone satisfacer sus deseos, explicando y racionalizando con cierta habilidad.

A menudo utiliza el «pensamiento mágico», creyendo con fervor que si todo el mundo adoptara su pensamiento positivo, todo acabaría bien.

Capaz de alegrar la vida ajena, puede practicar sexo para alegrar al prójimo y pasar a otra cosa de inmediato, como si nada.

Mantiene un doloroso dilema al decidirse por una opción concreta y cerrarse al resto de posibilidades, lo cual le resulta intolerable.

Capaz de modificar los planes, a menudo tiene la sensación de estar abierto a un plan divino, manteniendo todas las opciones abiertas para no arruinarlo.

A menudo afirma detestar el aburrimiento, aunque en realidad se refiere a la ansiedad que siente cuando no encuentra suficiente estímulo alrededor para controlar el sufrimiento y los sentimientos negativos.

Cuanto mayor es su ansiedad, más impaciente se muestra con los demás y consigo mismo: nada ocurre con la suficiente rapidez, nada satisface sus necesidades.

Ansia de satisfacción continua, buscando el placer para huir del dolor.

Tendencia a ser muy exigente.

Se mantiene en movimiento para rechazar el sentimiento de culpa y no lamentar sus actos.

Por lo general no desea herir a nadie. Sus defensas dificultan el reconocimiento del dolor causado, sin darse cuenta.

Impulsivo y ciego, persigue la satisfacción inmediata sin considerar el precio de sus impulsos, con una filosofía de «disfruta ahora, paga después», con la promesa de más logros muy interesantes.

En su esfuerzo por evitar el dolor y la carencia otorga siempre una visión positiva, contemplando el lado bueno y evitando el lado oscuro.

Dirige su mirada interna a contemplar todo con optimismo, pues un análisis más profundo amenaza con sentimientos de desolación y una sensación de desconectarse del flujo de la vida.

A diferencia del eneatipo 8, cuya lujuria se dirige hacia lo primario y «sucio», el eneatipo 7 desea divertirse a toda costa; escaparse, pasar un buen rato, evitar la realidad y el miedo, el dolor y la sensación deficitaria, perspectivas muy infelices bajo su punto de vista. A diferencia del eneatipo 8 quiere elevarse: con drogas, alcohol, adrenalina, etc.

Su principal problema radica en su incapacidad para distinguir la fantasía de la realidad.

26.8-Infancia

En su tierna infancia, el eneatipo 7 aprendió a sortear el miedo a través de las infinitas posibilidades de su imaginación. Por ello, su comportamiento de adulto obedece al estancamiento que padece en su infancia, que recuerda como una etapa feliz y sin complicaciones mayores, a pesar de los posibles problemas y carencias de las que pudiera ser objeto. A menudo existió la figura de un padre contra el que se reveló.

26.9-Liderazgo

El liderazgo que es capaz de ejercer el eneatipo 7 es un liderazgo social que conecta con todo el mundo, abriendo caminos nuevos, redes y contactos diversos.

Líder entusiasta, capaz de animar las reuniones sociales, celebraciones y fiestas, con una actitud positiva, generando equipos y sumando.

26.10-Subtipos

Los tres subtipos para el eneatipo 7 contemplados en el Eneagrama se perfilan del siguiente modo:

Subtipo Conservación (Familia)

Familia. Oportunidad.

Existe una necesidad neurótica de crear familias o ghettos para asegurar la supervivencia, y una pasión por sacar ventaja de las situaciones.

Justificación personal: «saco ventaja, luego existo».

Es el instintivo de los tres subtipos, orientado a la acción, cuya pasión satélite es la familia. Pertenece a una familia, un clan, un ghetto o un grupo, estableciendo una especie de vínculo mafioso con las personas a las que ama, protegiendo a su familia y amigos, a los que considera una extensión de sí mismo. Buscan familias alternativas a la suya, a las que incluso son más fieles; personas afines, bandas, grupos organizados, etc., cuidando de los suyos.

Es el más terrenal y sexual de los tres subtipos. Un ego fraudulento, que a menudo se aprovecha de otros para sacarles algo, siempre mostrando un comportamiento encantador y seductor. Tendencia a la delincuencia. Pueden embaucar a otros, arrastrándoles a la ruina. Explotador con sonrisa; intuitivo, mentiroso, astuto, oportunista y vago. En todo ve una oportunidad para sacar ventaja.

Disfruta realizando compras, viajando y mimándose, ocupándose de reunir información sobre posibles fuentes de placer: catálogos, carteleras de cine, guías de viaje, restaurantes, rebajas, descuentos, etc.

Mantiene una actitud muy activa y enérgica para garantizar que no le falte de nada. Gran gourmet, catador, viajero y goloso del sexo. Puede ser imprudente con su dinero y recursos, derrochando en compras o en el juego hasta exceder los límites. Le preocupa que todo esté bien, en su presente más inmediato. Astuto y persuasivo, es capaz de hacer trampas para lograr sus propósitos.

Subtipo Social (Sacrificio)

Sacrificio social, entusiasmo.

Es el contra pasional de los tres subtipos, además de ser el mental. Es por eso que no parece un eneatipo siete, puesto que su pasión es el sacrificio, y se sacrifica por los demás.

Existe una necesidad neurótica de ser visto como bueno, santo y virtuoso. Y una pasión por el entusiasmo, el servicio y sacrificio por el bien común.

Justificación personal: «amo al prójimo más que a mí mismo, luego existo».

Su pasión satélite es el sacrificio. El subtipo social oculta su narcisismo y sacrifica su gula en favor de causas sociales que propicien su aprecio. Es el más generoso y servicial de los tres subtipos. Su pasión es el sacrificio y desea ser santo y bueno, predicando la pureza, aunque las causas sociales finalmente suelen perder fuerza y terminan por aprisionarle.

Es el miembro de Médicos sin Fronteras, Payasos sin Fronteras, etc. Es el periodista corresponsal que se sacrifica para el bien común, aunque nunca está tan sacrificado porque en el fondo está siendo estimulado, que es su objetivo.

Mantiene una agenda repleta y detesta la autoridad. Necesita ser visto como un niño bueno, hablando de sus sacrificios. Astuto y con cara de niño bueno, consigue siempre lo que quiere.

A menudo se le confunde con un eneatipo dos, subtipo conservación. Desea ver un mundo en el que no haya dolor, injusticias sociales, etc.

Subtipo Sexual (Sugestionabilidad)

Sugestionabilidad.

Es el subtipo emocional. Existe una necesidad neurótica de mirar todo como quien está enamorado, y una pasión por imaginar algo mejor que la realidad, pintándola de rosa.

Justificación personal: «fantaseo, luego existo».

Su pasión satélite es la sugestionabilidad, aunque también es muy sugestionable. De carácter idealista, adulador, cariñoso, risueño, fantasioso y seductor, muestra una infinita curiosidad en intereses y afectos. Es el prototipo de Don Juan.

De los tres subtipos, es al que más le cuesta diferenciar entre fantasía y realidad, a través de su desbordada imaginación. Capaz de hacer del presente algo magnífico, para posteriormente pasar a otra cosa a causa de una necesidad de estar estimulado y pensar que quizá se está perdiendo algo más interesante. Vividor del presente.

Muy locuaz, habla sin cesar, enlazando un tema con otro diferente, buscando lo extraordinario. Es ingenioso y estrafalario y deja siempre una estela de cabos sueltos y corazones rotos.

Padece un profundo miedo a comprometerse, por lo que prefiere los sentimientos intensos al enamoramiento. Se enreda en proyectos locos y aventuras amorosas peligrosas nada realistas y de las que en ocasiones no sabe cómo salir, saliendo lastimado por sus excesos.

Infiel en la pareja e incluso infiel a sí mismo. Tergiversador de situaciones, a menudo confunde la realidad con la fantasía, pudiendo convertir el dolor en felicidad, en apenas unos segundos.

Es un embaucador que también puede ser embaucado, capaz de creerse sus propias historias.

Se cree parte de un plan cósmico y mágico; busca lo exótico, mágico y novedoso. Su objetivo es vivir en un continuo éxtasis, por lo que puede ser confundido con un eneatipo tres o un eneatipo cuatro. Es muy sugestionable y sugestiona a los demás. Es el gracioso cuenta chistes, muy huidizo de todo lo oscuro o problemático: un soñador en continuo estadio primaveral.

26.11-Integración

La integración del eneatipo 7 consiste en interiorizar la virtud de la sobriedad, que puede cultivarse a través de las siguientes actitudes:

Valorar cada momento con todo lo bueno y creativo que puede ofrecer.

Llevar adelante los compromisos adquiridos sin buscar evasiones, distracciones o cambios.

Escuchar al que sufre sin necesidad de pintar las cosas de color de rosa.

Aprender a discernir prudentemente las prioridades, sin dejarse llevar por el impulso del momento.

No imponer el propio ritmo ni el propio humor a los demás, sino saber adaptarse a las circunstancias y a las personas.

Amar y celebrar la vida en su aspecto gozoso, pero no a expensas del lado oscuro de la existencia.

Aceptar la enfermedad y las cruces cotidianas como una aportación a la propia maduración, humana y espiritual.

Experimentar el silencio y la reflexión como ocasiones para acceder a lo profundo de las cosas y no quedarse en lo superficial.

Mediante la práctica de dichas actitudes, el eneatipo 7 logra progresar en los siguientes aspectos:

Ya no teme ser despojado de la felicidad, comprometiéndose a fondo. Al internalizar sus experiencias, crea las anclas necesarias para encontrar la seguridad y estabilidad en su vida.

La gratitud que siente por la vida le lleva a querer saber más sobre lo que le hace tan feliz. Ya no le basta con vivenciar el mundo, sino que desea saber más sobre él.

Cambia el foco de atención de sí mismo al mundo que le rodea. Se hace más respetuoso con la integridad de todas las cosas, entendiendo que el mundo existe para objetivos distintos a su satisfacción personal. Ya no es un consumidor del mundo, sino un contemplador más.

Su gratitud florece en una sensación de admiración y curiosidad por la creación. Se concentra en sus experiencias y es recompensado por sus esfuerzos, ganando mucho con las satisfacciones recibidas.

Penetrando más profundamente en la realidad, permite que ésta le penetre. Aplica toda la fuerza de sus considerables destrezas y talentos. Mantiene su entusiasmo y productividad, aportando algo original al mundo.

26.12-Enfermedad y Desintegración

El Eneagrama no está orientado a las distorsiones de la personalidad y patologías mentales. En su patología o enfermedad, el eneatipo 7 puede padecer trastorno maniaco depresivo, trastorno de personalidad narcisista, trastorno obsesivo compulsivo y abuso de sustancias nocivas.

La infelicidad del eneatipo 7 le hace perseguir todo aquello que pudo haber negado sus deseos. Su híper actividad se transforma en escapismo, desinhibiéndose y frecuentando el sexo, el alcohol o las drogas, siempre en búsqueda de nuevas emociones.

Las conductas adictivas abarcan todas las posibilidades, siempre que éstas alivien su angustia. Puede hacer uso de estimulantes y narcóticos y su palabra se torna grosera, haciendo daño y «montando escenitas», comportándose como un niño mal criado hasta perder por completo la capacidad de reprimir sus impulsos.

Su impulsividad puede tornar en manía, sumido en un descontrol y una excitación propiciada por el abuso de sustancias.

A menudo realiza actividades muy diferentes entre sí, con tal de no deprimirse, lo que incluye comer compulsivamente, jugar, robar, etc. Todo con tal de escapar.

La desconexión de sí mismo puede conducirle a la histeria, una vez ha agotado todo el espacio disponible y no disponer de apoyos. El terror y el pánico se apoderan de él.

Su defensa maníaca puede transformarse en una obsesión, odiando y condenando vilmente a los demás. Impulsivo y violento, existe la posibilidad de depresión grave o suicidio, e incluso de agresión y asesinato.

26.13-Ficha Básica del Eneatipo 7

Pasión: la gula.

Centro: pensamiento.

Fijación: planificación.

Visión de sí mismo: «yo divierto».

Estructura de temor (lo que evita): dolor.

Estructura de deseo: sentirse feliz. Degenera en un escapismo frenético.

Trampa o justificación: positivismo.

Calificativos: El Escapista. El Epicúreo. El Multitareas. El Estimulador. El Entusiasta. El Entendido. El Niño Prodigio.

Hábito: sonriente y radiante. Informal, energético. Sonrisa amplia, nariz larga y /o respingada. En algunas ocasiones su forma de vestir denota su singularidad. Semblante muy animado. Al hablar suele hacer muchos gestos con las manos. Se distrae fácilmente.

Parte del cuerpo predominante: el rostro.

Famosos: Groucho Marx. Chuck Berry. Robin Williams. Bette Midler. Jack Nicholson. Julio Verne. Eddie Murphy. Sarah Ferguson. Jim Carrey. Mozart. Cantinflas. Pablo Carbonell. Arturo Valls. Clark Gable. Leonardo Da Vinci. Peter Pan.

26.14-Javier Gurruchaga Como Eneatipo 7 del Eneagrama

Ignacio Javier Gurruchaga Iriarte nació el 12 de febrero de 1958 en San Sebastián. Atraído por la música desde muy temprana edad, tomó clases de saxofón durante el servicio militar. Trabajó como botones en un banco cursando filosofía y letras, hasta que en 1976 formó la Orquesta Mondragón, que se dio a conocer con el álbum Muñeca Hinchable (1979), una joya de disco y toda una provocación, sucedido inmediatamente por Bon Voyage (1980). Ambos trabajos se presentan como un espectáculo de circo y un viaje en avión con Gurruchaga como presentador y cantante, y muchas canciones van precedidas de brillantes introducciones del genial showman. Repletos de humor inteligente, divertidos y audaces, los temas se suceden a través de universos con monstruosas criaturas y alucinaciones perversas. El rock español no ha visto nada tan original desde entonces.

Compaginando el resto de sus trabajos discográficos y giras con la Orquesta Mondragón y en solitario, Gurruchaga intervino como actor de cine y teatro en películas como El rey Pasmado (1991), Tirano Banderas (1993), etc., siendo nominado a los Premios Goya como mejor actor de reparto. Desde 1984 hasta 1988 nos entregó algunas de sus alucinaciones más perversas en el programa infantil y juvenil más progresista de la historia de la televisión española, La Bola de Cristal, presentando La cuarta Parte, donde parodiaba a sus padres ficticios, Gregorio Gurruchaga y Cayetana de Gurruchaga, su tía Nancy de Gurruchaga, etc. En 1988 presentó el programa Viaje con Nosotros, no exento de polémica, continuando con El Huevo de Colón (1992) y participando en homenajes como El show Debe Continuar, Bailando con Cugat y programas como La Cucaracha Express (2003-2004). En la radio presentó El tren a Xanadú (2001-2002) en Onda Cero, con entrevistas y música de la Orquesta Mondragón en directo, así como Dos en la Carretera del programa Hoy es Domingo y El Maquinista de la General, dentro del programa Asuntos Propios, RNE (2010).

27-Eneatipo Ocho (8): El Protector

«Soy dominante, me gusta practicar el control y sentirme poderoso. Soy seguro de mí mismo, asertivo y directo. Me gusta imponerme. Detecto fácilmente la falsedad y la fortaleza fingida. No soy nada diplomático. Soy un líder natural. Hago que las cosas ocurran. Detesto que alguien intente controlarme. Respeto a los fuertes, me gusta la confrontación. Soy espléndido y muy generoso con los que son mis amigos. Soy muy competitivo».

27.1-Consideraciones Importantes

Sea cual fuere su eneatipo básico, los eneatipos en las direcciones señaladas por las flechas influyen en su personalidad global, permitiendo ambos movimientos, así como la integración y la desintegración en ambos casos. Para obtener una respuesta más acorde a la misma, no sólo debe tomar en cuenta el eneatipo básico y su ala correspondiente, sino los dos eneatipos correspondientes a las direcciones de las flechas conectadas con su eneatipo básico en el Eneagrama. Los rasgos de los cuatro eneatipos pueden mezclarse en su personalidad global, proponiendo un marco más amplio y acorde a la realidad. Tomando como ejemplo un eneatipo 8, es muy difícil identificarse completamente con él: cualquier eneatipo 8 posee un ala 7 ó 9, así como un movimiento al 5 y otro al 2, que juegan un papel importante en la personalidad global.

A través del test del Eneagrama es posible dibujar un mapa completo de nuestra personalidad, teniendo en cuenta que el resto de eneatipos influyen en nuestra personalidad global.

27.2-Situación en el Eneagrama

El eneatipo 8, junto a los eneatipos 1 y 9, conforma el trío visceral, caracterizado por la importancia que otorgan al momento presente, de carácter relevante.

Contrariamente, el trío emocional (eneatipos 2, 3 y 4) otorga mayor importancia al pasado y los sentimientos, así como el trío mental o racional (eneatipos 5, 6 y 7) prioriza las consecuencias de la conducta en un futuro.

rafaelmoriel.com

A grandes rasgos, el eneatipo 8 maneja sus energías de un modo extrovertido (eneatipos 2, 7 y 8), centrando su atención en el entorno y las personas que le rodean.

Contrariamente, otros eneatipos obran de manera introvertida (eneatipos 1, 4 y 5), teniendo en cuenta su mundo interno y las necesidades concretas, o bien de un modo intermedio (eneatipos 3, 6 y 9), en un intento de conciliar ambas tendencias y sin desarrollar ninguna especialmente.

La personalidad global del eneatipo 8 puede estar influenciada de un modo notable por su ala (7 ó 9), así como por sus posibles saltos al eneatipo 2 y al eneatipo 5.

27.3-Hábitos

El eneatipo 8, caracterizado por la intensidad y la fuerza que muestra en todo lo que hace, puede mostrar los siguientes hábitos:

Muy competitivo.
Fuerte, rudo y poderoso.
Territorial, dominante y autoritario.
Exageradamente honesto.
Intenso, sensual y sexual. Adicto al placer.
Transgresor, no le teme a nada. Desenfrenado e impulsivo.
Arriesgado y luchador.
Protector.
Posesivo, auto suficiente, cruel y despiadado.
Rebelde y vengativo.
Ambicioso.

27.4-La Lujuria Como Pasión

Según la RAE, la lujuria se define como el vicio consistente en el uso ilícito o el apetito desordenado de los deleites carnales. El exceso o demasía en algunas cosas.

Si bien la ira del eneatipo 1 parece la menos visible de las pasiones, la lujuria del eneatipo 8 es claramente expresada a través de su sed de intensidad y necesidad de adrenalina, más que en un voraz y desordenado apetito sexual. La lujuria supone el exceso, acaso como una búsqueda del límite de las cosas.

El mundo para el lujurioso, que es el más visceral de todos los eneatipos, se rige por la ley de la selva. Para él sólo sobreviven los fuertes: o comes, o eres comido. En su afán por no mostrarse vulnerable, el eneatipo 8 transcurre su existencia en una feroz lucha contra todo y contra todos. A más lucha, más adrenalina. La vida es a sus ojos como un escaparate del que toma lo que necesita, sin pedir permiso ni detenerse a pensar. La reflexión y el sentimiento de culpabilidad simplemente no se producen.

El eneatipo 8 es un carácter territorial, por excelencia. Basta acercarse a una distancia íntima suya, para sentir su territorialidad; en cualquier caso, no se deja invadir bajo ninguna circunstancia. La energía de su presencia es poderosa, llegándose a sentir allí donde se encuentre presente.

Se muestra siempre muy seguro de sí mismo. Su carácter es controlador y dominante, optando por liderar antes que acatar órdenes, que únicamente acepta si el líder al que debe obedecer se ha ganado su respeto y está a su altura. De lo contrario lo apartará, ocupando su lugar. Más que malo, aspira a ser indomable, fuerte y poderoso.

Fornido y vigoroso, es capaz de recibir estoicamente los golpes de la vida, devolviéndolos a la menor ocasión. El eneatipo 8 se atreve con todo aquello que otros sólo desearían hacer.

Notable rechazo a las emociones que puedan mostrar su debilidad: tristeza, miedo, depresión, vergüenza, remordimiento, ternura, carencia, anhelo, etc. Toda emoción que pueda hacer tambalear su auto imagen, fuerte y poderosa, queda excluida. Su mecanismo de defensa, basado en la negación, le hace insensible al sufrimiento: «si al menos no me aman, me temerán».

27.5-La Lujuria Como Excusa

La característica más notable de la lujuria es la inagotable sed de intensidad en todo lo que se realiza o emprende. Intensidad charlando, conduciendo, incluso abriendo una puerta; toda su vida gira en torno a ello.

El eneatipo 8 necesita adrenalina para sentirse vivo: disfruta comiendo y bebiendo en exceso, le gustan las altas velocidades, la música fuerte, las especias picantes, la confrontación, la lucha y el riesgo. A diferencia del eneatipo 7, que prueba un poco de todo para satisfacer su gula, el lujurioso prueba mucho de todo.

Muy escéptico con la espiritualidad y la metafísica. Para él no hay otra cosa que la materia y las sensaciones percibidas. Es una persona apasionada que antepone sus propias sensaciones corporales y la acción, al sentimiento y al pensamiento.

Existe un deseo constante de descubrir al culpable y vengarse del mal realizado, obteniendo una compensación a cambio. Ajusticiar y ajustar las cuentas es una necesidad primordial. Cualquiera es culpable hasta que demuestre lo contrario. Siempre está buscando el lado oscuro, la trampa oculta.

Intolerante con la sutileza, utiliza un estilo frontal y directo, sin dilación. No titubea al manifestar abiertamente lo que piensa, sin importarle las consecuencias. Sus comentarios, brutalmente honestos e incluso hirientes, pueden ir dirigidos a su jefe, su mujer, un amigo, etc.

Al igual que el rinoceronte, desarrolla una piel dura para defenderse de posibles ataques, empleando la misma fuerza para pelear que para dar la mano.

El eneatipo 8 está convencido de que la gente es vil, malvada e infame, por lo que es necesario culpabilizarlos y castigarlos por ello. No hay nada peor que ser sumiso o víctima, contribuyendo a la gente malvada.

27.6-Manifestación de la Lujuria

La arrogancia y la lujuria, como expresión de poder, pueden manifestarse a través de las siguientes actitudes:

Control: exigencia de dominar las situaciones. Vencer en una competición, imponerse en un enfrentamiento directo, hacer respetar el espacio propio y las opiniones propias.

Predominio de la acción: la identidad de esta personalidad esta vinculada a la acción y a los resultados concretos, con el peligro de descuidar o infravalorar la importancia de los sentimientos en las relaciones.

Sarcasmo: recurriendo a actitudes punitivas para hacer valer su superioridad. Sarcasmo, ironía, intimidación y humillación.

Contestación: frente a las fuerzas que obstaculizan su voluntad y sus convicciones, puede oponer resistencia al rechazar la colaboración, provocando el conflicto, denunciando la injusticia y asumiendo una actitud de rebelde.

Intensidad: la determinación y la aparente seguridad del eneatipo 8 puede significar una falta de sensibilidad a su propio mundo afectivo, dándose una inclinación a enmascarar su vulnerabilidad y falta de respeto con la dignidad y el valor del prójimo.

27.7-Comportamiento y Posibles Actitudes

La lujuria del eneatipo 8 puede mostrarse bajo diversas formas:

Siente la obligación de ejercer el control.

Continuamente hace demostraciones de fuerza.

Le apasiona la lucha de poder y el enfrentamiento.

Puede presentar una forma de vida excesiva: sexo, trasnochador y ruidoso.

Da la cara por sí mismo y por sus amigos. Combativo y extremadamente protector con quien quiere, trata de proteger a sus amistades de cualquier peligro. Capta de inmediato las intenciones negativas de los demás para protegerse.

Encuentra su identidad actuando como justiciero, enorgulleciéndose de su deseo de defender a los débiles.

Su principal objetivo es conocer quién ostenta el poder, para manejar la situación y mantener el control.

Si se encuentra en una posición subordinada, minimizará el hecho de que la autoridad posea el control sobre su comportamiento y abusará de los límites y la interpretación de las reglas, hasta tener claras las consecuencias.

Considera que la verdad surge durante la riña, impidiendo que cuestionen su opinión. En lugar de buscar alianzas o acuerdos, su estrategia consiste en la total usurpación del poder.

El modo de liberar la sobrecarga de su energía es excederse: creando problemas, interfiriendo en la vida de sus amistades. Exceso en la comida, el sexo, o en el consumo de sustancias.

Intensidad sin medida. Rebeldía.

No siente culpa ni miedo.

Primitivo, sin rencor. Sin pena ni vergüenza.

Posesivo, celoso, agresivo y competitivo.

Conduce la verdad hasta el mismo escándalo.

Su gusto parece orientado hacia los peligros, resultando temerario. Capaz de negar las normas sociales.

Intolerante a la frustración.

Su instinto es la acción, sin dilación.

Nunca pide algo, por no arriesgarse a recibir una negativa: lo arrebata. Es un atropellador.

Rechaza la autoridad, rompiendo todo obstáculo que impida realizar sus propios deseos.

No acude a los psiquiatras.

Si bien parece insensible a los sentimientos ajenos, a veces deja entrever su lado tierno y protector.

Pese a detestar la debilidad, es muy propenso a defender a los más débiles, siempre y cuando sean de su camada.

El eneatipo 8 puede ser como un oso, o como un felino; en cualquiera de los dos casos, sus modales son bruscos, rudos y faltos de tacto. Como un oso enorme de carácter intimidante, o como un felino de sensualidad agresiva y aura salvaje, como de animal en celo.

Aflojarse supone ser débil. Rendirse es capitular.

Prefiere ver el lado sórdido de las cosas, antes que sentirse defraudado y, por lo tanto, vulnerable.

No hay mejor defensa que un buen ataque.

La ira brota con mucha facilidad.

A menudo cree ser una víctima escogida por razones que no logra entender (como por ejemplo, su mal carácter), acusando a los demás de tenérsela jurada.

27.8-Infancia

Desde su más tierna infancia, el eneatipo 8 aprendió a negar el dolor, la culpa, la debilidad, la necesidad y todo sentimiento que pueda conducirle hacia cualquier tipo de vulnerabilidad.

Al igual que para el eneatipo 6, el mundo a sus ojos es un lugar peligroso. Sin embargo, él siempre es el predador, jamás la presa.

A menudo describe una infancia combativa, donde los fuertes eran respetados y los débiles no. Su sólida coraza protege el corazón de un niño dependiente, prematuramente expuesto a circunstancias adversas.

27.9-Liderazgo

El liderazgo que es capaz de ejercer el eneatipo 8 es un liderazgo de mando, entendiendo su presencia para dirigir y asumiendo el liderazgo con total seguridad.

Para él no hay nada imposible. El eneatipo 8 ejerce su liderazgo desde la más tierna infancia, donde ya dirigía y organizaba a los demás.

27.10-Subtipos

Los tres subtipos para el eneatipo 8 contemplados en el Eneagrama se perfilan del siguiente modo:

Subtipo Conservación (Supervivencia Satisfactoria)

Supervivencia satisfactoria.

De los tres subtipos, es el orientado a la acción o instintivo, siempre enfocado al poder. Se cree con derechos, y no con obligaciones.

Existe una necesidad neurótica de un egoísmo exagerado, y una pasión por satisfacer sus necesidades al instante: el mundo para él es como un supermercado, del que coge lo que necesita, ya que se cree con derecho a hacerlo. Padece una gran intolerancia a la frustración.

Justificación personal: «me satisfago, luego existo».

Su pasión satélite es la supervivencia satisfactoria, en el sentido de tomar aquello que quiere para saciar de un modo satisfactorio su supervivencia. Es adicto al trabajo y territorial como una fiera, manteniendo el control de su espacio vital: la casa, las pertenencias, el dinero, la familia, etc. Es el más callado y a menudo pasa desapercibido, pero al mismo es el más peligroso de los tres subtipos, pues entretanto puede estar contemplando la peor de las salidas a un problema. Su actitud es siempre la de estar al acecho, allí donde vaya a «cazar». Invisible, maquiavélico.

Consigue todo aquello que desea sin tener en cuenta los daños colaterales. Trabaja por la familia y es el más peligroso de los tres subtipos. Agresivo en la intimidad.

No está interesado en el mundo del autoconocimiento. Reprime mucho su afectividad, el cariño y el niño interno. Las necesidades de los demás no importan, y no las tiene en cuenta.

Extremadamente astuto, es capaz de sobrevivir, logrando suministros en tiempos de guerra. Es el que más hace y el que más poder consigue. Arruinará a otros en su propio beneficio y puede ser un ladrón, un matón y un psicópata. También puede dedicarse al mundo corporativo.

Subtipo Social (Complicidad)

Complicidad.

Existe una necesidad neurótica de pandillas y alianzas de sangre, y una pasión por la justicia social que lo conduce a ser antisocial. Es la «mafia», y todos sus comportamientos suelen orientarse en ese sentido.

Justificación personal: «desafío, luego existo».

Su pasión satélite es la complicidad, que junto a su amistad le restan fuerza frente a otros subtipos, resultando simpático y amistoso como un lobo con piel de cordero, leal a un grupo y orientando su hostilidad hacia todo elemento externo de amenaza para el grupo.

Su carácter es idealista; desea lograr sus objetivos para fines benévolos, sin reparar en los medios utilizados para ello (el fin justifica los medios). Teje diplomáticamente para mantener las cosas a su favor. Es el subtipo mental, y es un reformador que siempre quiere cambiar las cosas, allí donde va. Acostumbra a ir en contra del sistema como está. Simpático, hipócrita y sibilino.

Disfruta organizando reuniones sociales, comidas, manteniendo acaloradas discusiones, etc. Pudiendo dedicarse a la política. En ocasiones se parece a un eneatipo nueve, por su carácter bonachón, y en cierto modo conciliador a primera vista.

El subtipo social es el justiciero del eneagrama. Otorga mucha importancia al honor y acostumbra a realizar pactos con personas dignas de su confianza, poniendo a prueba a sus seres queridos con objeto de afianzar una amistad sólida y segura.

A menudo se maneja con códigos mafiosos: «yo por ti, tú por mí». La amistad es una alianza de sangre y la traición se paga con la muerte. Cuanto más miedo se les tiene, más miedo te dan: se retroalimentan de esta manera. Puede ser temerario y autodestructivo, abusando de sustancias nocivas.

Subtipo Sexual (Posesión)

Posesión, entrega.

Existe una necesidad neurótica de poseer al otro o entregarse a él, y una pasión por dominar, desafiar, provocar y salirse de la norma. Justificación personal: «soy rebelde, luego existo».

Es el emocional, el subtipo ocho genérico descrito en los libros de Eneagrama.

Su pasión satélite es la posesión o la entrega. Puede ser un rebelde sin causa, pero, en cualquier caso, es el macho o la hembra alfa que disfruta el papel de malo y orgulloso de su naturaleza salvaje. Se muestra bastante activo y carismático, con una tendencia al descaro. Siempre es quien manda, y bajo ningún concepto le interesa estar bajo el mando de otra persona. Se rebela contra lo establecido.

Su pasión satélite es poseer al otro, o simplemente lo que desea. A menudo ama la velocidad y es el más lujurioso de los tres subtipos. Sin tabúes con el sexo.

Muy agresivo, a menudo se ve envuelto en peleas. Carismático, seductor, magnético. Felino, de grandes discursos, ruidoso. Muy admirado y muy temido, logra, a pesar de su agresividad, que al final le quieran y le respeten.

Avasallador en exceso, puede ser muy cálido y amoroso, escogiendo a sus aliados con precaución. Lucha por el poder en la relación: o somete, o se entrega por completo. Proclive a la sospecha, busca la vulnerabilidad en los demás. Celoso, felino, con un matiz sexual que recuerda al eneatipo dos, subtipo sexual.

Puede ser muy celoso y posesivo con su pareja, de quien espera que se entregue en cuerpo y alma, llegando a separarla de sus amistades, maltratarla o incluso cometer un crimen pasional.

Actitud dictatorial, no delega en nadie y a menudo resulta prácticamente imposible vencerle.

27.11-Integración

Lu integración del eneatipo 8 pasa por interiorizar la virtud de la sencillez, que puede lograrse a través de las siguientes actitudes:

Dejar que el niño que todos llevamos dentro se manifieste y pueda expresarse.

Aprender a ser querido y no temido por los demás.

Hacerse más capaz de expresar el lado tierno y vulnerable de la propia naturaleza.

Ser más atento y sensible a los sentimientos propios y ajenos, sin tratar de negarlos o esconderlos.

Convencerse de que nadie es auto suficiente y de que una sana dependencia de los demás es una buena señal de humanidad y madurez.

Reconocer que cada cual tiene su verdad para ofrecer, y no pretender imponer la propia.

Aprender a adaptarse a las personas y a las situaciones, sin pretender ejercer el control sobre todo.

Ser paciente con el prójimo, reprimiendo el impulso de formular juicios apresurados sobre las personas.

Mediante la práctica de dichas actitudes, el eneatipo 8 logra progresar en los siguientes aspectos:

Se abre a los demás antes que dominarlos. Aprende a usar el poder que tiene para nutrir a los demás, siendo heroico y magnánimo. Deja a un lado su posición de superioridad, relacionándose con los demás como individuo y como igual.

Se identifica con los demás, comprendiendo que no es distinto a ellos y por tanto, merece los mismos derechos y privilegios. Es empático y compasivo, estimulante, generoso y servicial, preocupándose por el bienestar y las aspiraciones y necesidades ajenas, como si fueran suyas.

rafaelmoriel.com

Su capacidad de amar corona su capacidad de liderazgo, descubriendo el poder del amor antes que obsesionarse con el poder. Se interesa por amar a otros.

Al utilizar su poder a favor de los demás, obtiene lo que más necesita: ser amado por sí mismo. Aprende las lecciones de amor, poniéndose en la posición humilde pero elevada de servir a los demás.

27.12-Enfermedad y Desintegración

El Eneagrama no está orientado a las distorsiones de la personalidad y patologías mentales. En su patología o enfermedad, el eneatipo 8 puede padecer un trastorno de personalidad antisocial o psicópata, comportamiento sádico, violencia física, paranoia y aislamiento social.

El eneatipo 8 malsano es un tirano y un déspota, privando a otros de su libertad y dignidad, para lo cual es capaz de emplear la fuerza. Puede engañar y robar utilizando sin vacilar la fuerza bruta, decidiendo a su antojo qué es lo que está bien y qué es lo que está mal.

Abusos verbales y físicos, palizas y violaciones, especialmente a quienes no son capaces de defenderse. Si deciden desafiar la ley es muy difícil detenerlos, volviéndose megalómanos que ejercen su poder de un modo implacable, acaso como si gozaran de privilegios que otros no tienen, creyéndose Dios.

La pérdida de contacto con la realidad puede conducirlos al asesinato, comportándose como el más antisocial posible, sacrificando a quien sea y lo que sea con tal de sobrevivir. Su intento de buscar la seguridad de pensamiento frente a sus acciones puede desembocar en paranoia o brotes de esquizofrenia.

27.13-Ficha Básica del Eneatipo 8

Pasión: la lujuria.
Centro: instintivo
Fijación: venganza.
Visión de sí mismo: «Yo puedo».
Estructura de temor (lo que evita): debilidad
Estructura de deseo: sentirse fuerte y salvador. Degenera en una lucha constante.
Trampa o justificación: justicia.
Calificativos: El Protector. El Desafiador. El Mandón. El Líder. El Proveedor. La Roca. El Empresario. El Inconformista.
Hábito: posee una presencia física imponente. Mirada dura y penetrante. Impetuoso, dominante. Voz firme, que sabe modular para conseguir el máximo efecto. Notable fuerza física. Emplea un rotundo lenguaje no verbal.
Parte del cuerpo predominante: las vísceras.
Famosos: Frank Sinatra. Telly Savalas. Al Capone. José Alfredo Jiménez. Gerónimo. Diego Rivera. Johnny Cash. Muhammed Alí. Indira Gandhi. Picasso. Karl Marx. Mr. Eko (AC), Charles Widmore (AC), Sawyer (Sex) y Ana Lucía (Sex), de la serie «Lost». Donald Trump. Putin. Chávez. Fidel Castro.

27.14-Jorge Martínez Como Eneatipo 8 del Eneagrama

Jorge María Martínez García nació el 1 de mayo de 1955, en Avilés. Compositor y excelente guitarrista, lideró la banda Ilegales hasta su reconversión definitiva en Jorge Ilegal y los Magníficos (2011), dejando de lado el rock eléctrico y salvaje y recuperando otros estilos como el bolero, el cha-cha-cha, etc.

En 1977 forma el trío Madson junto a su hermano Juan Carlos y David Alonso, cambiando su nombre por Los Metálicos. Íñigo Ayestarán sustituye a Juan Carlos al bajo y pasan a llamarse Ilegales, ganando el concurso rock Villa de Oviedo en 1981. En 1982 graban «Ilegales», su primer disco de estudio, al que le sigue «Agotados de Esperar el Fin» (1984) con Willy Vijande al bajo, logrando un gran éxito. En 1985 realizan una gira por Ecuador con el álbum «Todos Están Muertos», grabando un doble CD en directo. Con Alfonso Lantero a la batería, el saxofonista Juan Flores y Antolín de la Fuente a los teclados graban «Chicos Pálidos para la Máquina» (1988), consolidándose nacional e internacionalmente.

Tras diversos cambios en su formación graban «A la luz o a la Sombra Todo está Permitido (1990)», «Regreso al Sexo Químicamente Puro (1992)», «El corazón es un Animal Extraño» (1995), «El Apóstol de la Lujuria» (1998), el directo «El día que Cumplimos 20 años» y «Si la Muerte me Mira de Frente me Pongo de lao» (2003).

Famoso por su lengua viperina, reniega de las discográficas afirmando que Ilegales fue una pequeña célula anarquista que sobrevivió veinticinco años sin el apoyo de los medios, considerado en América como el mejor grupo de habla española hasta la fecha: «yo tengo la esperanza de que salga gente que haga cosas mejores, porque oír cosas buenas es un placer, pero, de momento y por desgracia, esto es lo mejor que se ha hecho».

En diciembre de 2009 recibe un disco de diamante por su trayectoria, que únicamente aceptó de las manos de El Gran Wyoming. Crítico con los ochenta, afirma que Ilegales no tuvo nada que ver con aquellos grupos que tenían dificultades para cambiar de re a do y enchufaban la guitarra en el secador de su madre. Interesado en el cine, bucea y ultima la escritura de libros, experimentando con otros tipos de música.

«Cuando los discos de Ilegales se venden mucho, digo: ¡¡joder! Algo tengo que estar haciendo mal. Porque la mayor parte de la gente tiene un gusto bastante malo. Y eso lo demuestran las listas. Si ves las listas, cuanto mejor clasificado está un artista, peor es la calidad de su música».

«Ilegales siempre tuvo un sello propio desde el principio. Estábamos en un subsello y siempre tuvimos total independencia. Estuvimos en Discóbolo en los años 80; vendíamos las canciones directamente a las discográficas sin que pudieran intervenir en nada. Me parece una legítima aspiración de cualquier grupo montar su propia discográfica. Luchando contra la Emi, la Wea... Que el artista se pueda relacionar con su público sin intermediarios».

«Llevo tocando desde finales de los años 60. O sea, yo en los grupos psicodélicos de finales de los 60. Con flequillo, así que... no tengo nada que ver. Me parecían una pandilla de pijos sin ningún respeto. Ahora se sacraliza mucho lo de la "movida". Me parecían una pandilla de mierdecillas. Pero no les di ninguna importancia porque no la tenían. Nosotros estábamos al margen. En el año 82 fuimos el grupo que más tocó en directo. Era como quitar un caramelo a un niño».

28-Eneatipo Nueve (9): el Mediador

«Soy pacifista, ecuánime y conformista. Evito los conflictos y estoy dispuesto a transigir con los demás para mantener la paz. Soy paciente. Es difícil que explote; sin embargo, cuando me canso de ceder, la decisión que tomo es para siempre. Tiendo a minimizar los problemas y me distraigo con cosas triviales. A menudo me olvido de mí mismo. Aplazo las tareas importantes o aquello que me exige una gran inversión de energía. Soy poco disciplinado y puedo ser muy necio».

28.1-Consideraciones Importantes

Sea cual fuere su eneatipo básico, los eneatipos en las direcciones señaladas por las flechas influyen en su personalidad global, permitiendo ambos movimientos, así como la integración y la desintegración en ambos casos. Para obtener una respuesta más acorde a la misma, no sólo debe tomar en cuenta el eneatipo básico y su ala correspondiente, sino los dos eneatipos correspondientes a las direcciones de las flechas conectadas con su eneatipo básico en el Eneagrama. Los rasgos de los cuatro eneatipos pueden mezclarse en su personalidad global, proponiendo un marco más amplio y acorde a la realidad. Tomando como ejemplo un eneatipo 9, es muy difícil identificarse completamente con él: cualquier eneatipo 9 posee un ala 8 ó 1, así como un movimiento al 6 y otro al 3, que juegan un papel importante en la personalidad global.

A través del test del Eneagrama es posible dibujar un mapa completo de nuestra personalidad, teniendo en cuenta que el resto de eneatipos influyen en nuestra personalidad global.

28.2-Situación en el Eneagrama

El eneatipo 9, junto a los eneatipos 8 y 1, conforma el trío visceral, caracterizado por la importancia que otorgan al momento presente, de carácter relevante.

Contrariamente, el trío emocional (eneatipos 2, 3 y 4) otorga más importancia al pasado y a los sentimientos, así como el trío mental o racional (eneatipos 5, 6 y 7) prioriza las consecuencias de la conducta en un futuro.

A grandes rasgos, el eneatipo 9 maneja sus energías de un modo intermedio, entre la extroversión y la introversión (eneatipos 3, 6 y 9), en un intento de conciliar ambas tendencias y sin desarrollar ninguna especialmente.

Contrariamente, otros eneatipos obran de manera introvertida (eneatipos 1, 4 y 5), atendiendo primordialmente a su mundo interno y a sus necesidades, o bien de un modo extrovertido (eneatipos 2, 7 y 8), centrando su atención en el entorno y las personas que le rodean.

La personalidad global del eneatipo 9 puede estar influenciada de un modo notable por su ala (8 ó 1), así como por sus posibles saltos al eneatipo 3 y al eneatipo 6.

28.3-Hábitos

Nadie en especial.
Mediador. Paciente, pacificador.
Sobreadaptado.
Indolente.
Simple, distraído.
Pasivo agresivo, tozudo.
Indulgente y negador.
Acogedor y bonachón. Optimista.
Lento y relajado.
Abnegado. Estoico.
Terrenal y conservador. Apático.

28.4-La Pereza Como Pasión

Según la RAE, la pereza se define como la negligencia, el tedio o descuido en las labores a las que estamos obligados. Una flojedad o una tardanza en las acciones o movimientos.

Teniendo en cuenta que el eneatipo 9 se engloba en de la triada instintiva o visceral, que otorga importancia al momento actual y más allá de la pereza en su sentido tradicional, el eneatipo 9 es a menudo híper activo. Su pereza, más que el desánimo o la galbana, supone una tendencia robotizada a través de la cual acomete sus acciones en una especie de modo operativo similar al piloto automático, descuidando todo aquello que va sucediendo entretanto van obteniéndose resultados, sin haber tomado conciencia de cuál es el camino tomado para obtener sus propósitos, ni cuáles eran realmente.

En un intento de evitar a toda costa los conflictos que puedan amenazar su aparente calma y armonía, la acidia del eneatipo 9 conforma una auténtica pereza de espíritu, olvidándose de su propia persona y anteponiendo las necesidades ajenas a las propias, empujándole a decir «sí» cuando en realidad quiere decir «no».

El eneatipo 9 acostumbra a desconectar mentalmente de las situaciones. Su despiste llega a adquirir un sentido íntimo y esencial, haciéndole perder con facilidad el hilo de una conversación, hasta el punto de ignorar lo que sucede a su alrededor.
Su mayor afán es ser aceptado y fusionarse con lo ajeno: a nivel de pareja o con Dios, de familia o grupo, de trabajo y amigos, etc. Su presencia adquiere importancia a partir del otro, viviendo las alegrías y las penas ajenas como si se tratara de las suyas propias, aun a riesgo de olvidarse de sí mismo.

28.5-La Pereza Como Excusa

La total negación del eneatipo 9 desemboca en una ocultación de los problemas, que no desea tener presentes e ignora en lugar de afrontarlos, acaso como barriéndolos bajo un felpudo y esperando que se solucionen por sí solos.

Su afán por evitar los conflictos puede hacerle perder la conciencia y volverse ciego para sí mismo.

Cuando es incapaz de hacerse valer y establecer límites, a menudo es víctima de gente aprovechada y abusiva. Incapaz de defenderse y establecer prioridades, se extravía entre los detalles insignificantes.

Si la baja autoestima de los eneatipos 4 y 5 (situados en la parte inferior del eneagrama) puede ser más o menos asumida, no ocurre lo mismo con el eneatipo 9, que es incapaz de reconocerla, por lo que a menudo parece más feliz y sano que otros, conformando así su característico hábito de bonachón.

Afanado en no generar conflicto alguno, a menudo hace la vista gorda y acontece su existencia en un estado de adormecimiento, sumido en una especie de letargo permanente y cegado ante todo aquello que no sea apacible y armonioso, o amenace su deseada paz de espíritu.

El miedo a generar conflictos desemboca en un mecanismo de defensa basado en la tendencia narcotizante, que le ocupa en actividades superfluas para permanecer distraído: puede ser adicto a la televisión o a acudir a la iglesia, apostar a la lotería, etc., o simplemente entretenerse realizando crucigramas o leyendo libros entretanto se le quema la comida.

El eneatipo 9 acostumbra a resignarse ante la desgracia, encogiéndose de hombros y fomentando actividades narcotizantes, como si nada hubiera ocurrido. Su falta de reacción puede resultar muy frustrante para otras personas y no puede evitar sorprenderse si alguien se enoja por ello. Lo que para otros puede ser una catástrofe, a sus ojos son cosas que ocurren.

No arriesga ni actúa ante la creencia de que algo que generó conflictos puede repetirse y afectarle indefinidamente.

Bajo su quietud y calma, la paz y serenidad características del eneatipo 9, éste esconde una furia reprimida que muy rara vez y tras sentirse acorralado, puede hacerle estallar de un modo brusco y violento, tras lo cual se arrepiente y retoma su letargo, como si nada hubiera ocurrido.

El eneatipo 9 se siente a menudo sabedor de una conciencia superior, de carácter universal. Ni presume de ello ni intenta convencer a otros.

28.6-Manifestación de la Pereza

La pereza puede asumir las siguientes actitudes:

Resistencia al cambio: predilección por las cosas habituales y rutinarias. Comportamiento pasivo agresivo con fuerte tendencia a la resignación.

Olvido de sí mismo: presenta dificultades para la introspección y la conciencia de sus propias necesidades, renunciando a sus deseos en respuesta de las expectativas ajenas. Marcada tendencia a desacreditarse, con una fuerte necesidad de pasar inadvertido.

Compensación: tendencia a colmar la inercia mediante actividades compensatorias, como la dependencia del alcohol, la comida, la televisión, la lectura, la oración o cualquier hobby, narcotizándose para no enfrentar las situaciones difíciles.

Distracción: inclinación a despilfarrar energías en los intereses del momento, sin objetivos de fondo hacia los que orientar su esfuerzo.

Intensidad a través de las pertenencias: la imagen que tiene de sí mismo queda mediatizada por su contexto de pertenencia: la pareja o familia, el ambiente de trabajo o el grupo de amistades, etc., que contribuyen a definir las funciones e identidad. Su orientación es sobre todo una búsqueda de fusión con la pareja que compense su débil identidad personal.

28.7-Comportamientos y Posibles Actitudes

Personalidad muy agradable.
Conoce las necesidades ajenas mejor que las propias.
Es esa persona tranquila que siempre te pregunta, interesándose por tu vida.
Puede ser un excelente pacifista, consejero y negociador.
En sus relaciones prevalecen las necesidades ajenas en lugar de las propias.
Se encarga de pacificar y mediar, estando de acuerdo con el prójimo.
No discute y asume fácilmente las opiniones ajenas.

Manifiesta su ira de una forma indirecta.

Pérdida de contacto con los objetivos, fusionándose con los deseos ajenos.

Dificultad para decir «no».

Si escucha una opinión que no es de su agrado o alguien le llama la atención por algo que no está bien, acostumbra a desviar la atención cambiando de tema.

Lento, acostumbrado a dar rodeos, se extravía en los detalles sin llegar al meollo de la cuestión.

Su gran tolerancia esconde un volcán de rabia contenida a punto de estallar, manifiesta a través de una terquedad o un comportamiento pasivo agresivo.

Adormecimiento psíquico: no desea analizarse ni superarse.

Pereza de ser, de sentir su interior, pereza a la intensidad.

Su depresión es resignada. Distimia, exceso de conformismo.

Evasión de la realidad haciendo cualquier actividad superflua, lo cual le conduce a menudo hasta la apatía: cualquier cosa con tal de distraerse.

Oculta la realidad para esquivar el dolor.

Su pensamiento básico puede ser: «la vida es simple, no sé por qué la gente se complica tanto».

Imposibilidad de reconocer su abaja autoestima y carencias, ignorando que sufre y que está narcotizado. Aparenta no tener problemas.

Adopta los valores del entorno experimentando un empobrecimiento de su persona.

28.8-Infancia

Es muy típico que el eneatipo 9 provenga de familias numerosas donde se vio obligado a cuidar de sus hermanos pequeños, colaborando con sus padres en lugar de protestar, anestesiando sus necesidades y llegando a olvidarse de sí mismo. Otras veces cuidó de algún familiar con deficiencias, etc.

A menudo se sintió ignorado durante su infancia: bien porque sus opiniones no eran tenidas en cuenta o era eclipsado por sus hermanos, lo cual explica su fusión con el deseo ajeno, que siente como propio. A menudo no se sintió escuchado y la necesidad ajena era más importante que la suya propia, adormeciéndose, olvidando sus deseos y procurándose pequeñas comodidades y sustitutivos del amor, aprendiendo a anestesiarse y a olvidarse de sí mismo.

Pudo ser un niño con la sensación de que el mundo funcionaría de la misma manera sin su presencia, interpretando el papel de nadie especial, con poco para ofrecer y anteponiendo lo ajeno a lo propio.

28.9-Liderazgo

El eneatipo 9 integrado puede ser un excelente pacifista, un gran líder conciliador, un excelente consejero y negociador. Sereno y neutral, arrastra consigo la armonía y la serenidad, uniendo y conciliando sin conflictos. Es un auténtico líder espiritual, firme en sus ideales y convicciones.

En el fondo se reconoce sabedor de una conciencia universal, de la que no presume ni intenta convencer.

Dotado de una enorme capacidad para comprender las posibles diferencias existentes, posee el don de la paciencia, la quietud y la tranquilidad.

28.10-Subtipos

Los tres subtipos para el eneatipo 9 contemplados en el Eneagrama se perfilan del siguiente modo:

Subtipo Conservación (Apetito, distracción)

Apetito, distracción.

Existe una necesidad neurótica de distraerse con cosas básicas: comer, beber, dormir, TV, leer, etc., y una pasión por distraerse con cualquier cosa. Se corresponde con el eneatipo nueve genérico que explican los libros de Eneagrama. De los tres subtipos, es el de carácter mental.

Justificación personal: «como, duermo, me distraigo: luego existo».

Su pasión satélite es el apetito, siendo el más tranquilo y narcotizado de los tres subtipos. El subtipo de conservación detesta que alguien amenace su agradable estado de ánimo y se resiste a ello no reaccionando, o bien a través de un terco silencio.

Acostumbra a distraerse con la comida, la bebida, la televisión, etc., con las que se fusiona para no verse a sí mismo. Busca el confort y la seguridad y a menudo almacena objetos que no usa pero le otorgan una cierta seguridad en caso de emergencia, calmando su ansiedad en rutinas y pequeñas labores que no le comprometan en proyectos más importantes.

Es la típica mujer maltratada. Su carácter es pasivo agresivo y cuando hace daño a alguien, lo hace de un modo tan sibilino que sólo se dan cuenta él, y su víctima; nadie más. Es prácticamente imposible que se ponga agresivo, pero si llega el momento en el que lo hace, por una causa mayor, las consecuencias pueden ser muy llamativas.

Su felicidad se conforma con placeres sencillos y accesibles: comer en el fast food más cercano, picotear entre horas, visionar de nuevo su película favorita, leer una novela, hojear el periódico, etc., una y otra vez; ése es su placer. A menudo utiliza refranes para justificar los hechos que suceden.

Ahoga toda la rabia y ansiedad de sus necesidades frustradas mediante la comida o la bebida, e incluso a través de conductas adictivas.

Existe una tendencia a la obesidad. Nunca entiende las emociones de los demás, cuando éstas son, o parecen, desproporcionadas: «¿por qué te pones así, no es para tanto…».

Subtipo Social (Participación, complicidad)

Participación, complicidad.

Existe una necesidad neurótica de sentirse parte integrante, y una pasión por ser admitido en el grupo. De los tres subtipos es el orientado a la acción, o instintivo.

Justificación personal: «pertenezco, luego existo».

Su pasión satélite es la participación. El subtipo social padece de una imposibilidad para decir «no». Es un bonachón de carácter alegre, que necesita relacionarse y formar parte de lo que sucede, puesto que se siente diferente y cree que no tiene lo que necesita para formar parte del grupo. Así, y empujado por su necesidad imperiosa de agradar a todos los miembros del grupo, utiliza la participación para fusionarse.

Es una buena persona, un auténtico líder muy generoso y sacrificado, que satisface las necesidades ajenas. Por ello es elegido a menudo como líder del grupo, habida cuenta de que conoce las necesidades generales.

Capaz de pagar un alto precio o entregar todo lo que sea necesario para ser admitido en el grupo, suele adoptar un rol paternal. A menudo descuida las relaciones de pareja, la familia, etc., por satisfacer las necesidades del grupo.

Detesta que se espere mucho de él y su resistencia es de carácter pasivo agresiva. Desea unir a las personas en la paz y el amor, participando para ocultar sus carencias.

Híper activo, a menudo acostumbra a desconectar mental y emocionalmente, centrándose de un modo notable en el hacer, más que en el ser.

Tiene problemas para fijarse objetivos independientes y perseverar en sus intenciones. Puede resignarse y deprimirse por su falta de desarrollo.

Subtipo Sexual (Fusión, simbiosis)

Fusión, simbiosis.

Existe una necesidad neurótica de ser a través de la pareja, que asimismo puede ser sustituida por Dios, etc., y una pasión por vivir la vida de los demás como si fuera suya, puesto que no logra creíble tener o disfrutar de un protagonismo propio.

Justificación personal: «me fusiono, luego existo».

Su pasión satélite es la unión o fusión, normalmente con una pareja, siendo el más llamativo, intenso y descarado de los tres subtipos. De los tres subtipos, es el de carácter emocional.

Parecido al eneatipo 3, desea fusionarse en una relación idílica con un ser humano, o con Dios. Los sentimientos ajenos están más claros que los suyos propios, idealizando a su pareja y permaneciendo ciego a sus defectos, incluso cuando ya es demasiado tarde. Son muy cariñosos, hasta el punto de que son capaces de cualquier cosa para fusionarse con el otro, perdiendo incluso su propia identidad.

No se preocupa de sí mismo, ni tiene ojos para sí mismo, sino para el otro, con quien desea fusionarse. Cariñoso, tierno, como todos los subtipos pertenecientes al eneatipo nueve, se muestra disponible en cualquier momento, a cualquier hora. Es el estereotipo de la «mosquita muerta».

Abnegado. Desea fundirse con el otro, ya sea un ser humano o Dios, idealizándolo y recibiendo sus elogios y críticas de un modo personal. Vive en función de la otra persona, percibiéndolo mejor que a sí mismo. El otro se convierte en su centro de gravedad, el eje de su identidad.

Capaz de enfurecerse cuando su relación es amenazada, en la franja insana se disocia y se deprime, permaneciendo en ese estado durante mucho tiempo. Se comporta a menudo como si acaso arrastrara una severa depresión, muy desconectado de su cuerpo y de sus emociones.

Normalmente se involucra en una relación de total dependencia, o se debate a la espera de ésta. Se corresponde muy bien con el «Don nadie en especial».

28.11-Integración

La integración del eneatipo 9 está vinculada a la capacidad de desarrollo de la virtud de la diligencia, que puede ser lograda a través de las siguientes actitudes:

Asumir la responsabilidad por los dones recibidos, implicándose en la vida y con los demás.
Encender el fuego interior de la motivación y pisar más el acelerador.
Afirmar el propio valor y la dignidad, consciente de que no es posible amar al prójimo sin amarse a uno mismo.

Desarrollar la pasión por la vida, sacando a la luz las propias energías y capacidades.

Expresar las opiniones propias y afrontar de manera constructiva los conflictos y las diferencias, evitando hacer creer a toda costa que todo es paz y armonía.

Establecer límites y plazos en la realización de los proyectos, sin perderse en infinitas distracciones o aspectos no esenciales.

Aprender a centrar la atención tomando la iniciativa, estableciendo prioridades y tomando decisiones.

Mediante la práctica de dichas actitudes, el eneatipo 9 logra progresar en los siguientes aspectos:

Se vuelve seguro de sí mismo, interesándose por su desarrollo personal y sus talentos. Se mueve del aplomo al sacarse más provecho, de una mera presencia en el mundo a una activa fuerza dirigida desde adentro.

Ya no vive a través de otras personas ni necesita amoldarse a roles convencionales, como fuente de autoestima e identidad.

Se impone adecuadamente. No teme el cambio, adaptándose y actuando con mayor flexibilidad, encarando la realidad por derecho propio.

Conecta con la vitalidad y su lado agresivo e instintivo, que puede conducirle a su propio desarrollo. Su paz es menos frágil al descubrir que es capaz de imponerse sin ser agresivo con los demás.

Aumentando su autoestima sus relaciones son más maduras y satisfactorias. Descubre que no es necesario ser humilde para tener una relación. Al ser él mismo resulta más interesante y deseable, atrayendo a otros.

Los demás comienzan a identificarse con él.

28.12-Enfermedad y Desintegración

El Eneagrama no está orientado a las distorsiones de la personalidad y patologías mentales. En su patología o enfermedad, el eneatipo 9 puede padecer trastorno pasivo agresivo, distimia, trastorno disociativo, depresión con anhedonia, negación extrema y despersonalización grave prolongada.

El eneatipo 9 enfermo evita a toda costa los problemas y conflictos de su vida diaria. No quiere hacer nada y no lo hace. Su resistencia pasiva agresiva desemboca en ataques de ira al ser acorralado si ésta fracasa.

Puede ser negligente hasta el extremo, negando la evidencia de posibles enfermedades o trastornos, tanto en sí mismo como en los miembros de su familia u otras personas, hasta el punto de no acudir al médico. Esta huida de la realidad puede suponer una disociación y una despersonalización, negando la realidad e incluso creyéndose sus propias fantasías en momentos de pérdida y trauma verdaderos.

El abandono de sí mismo y la fragmentación en múltiples personalidades supone la culminación de no encarar la realidad, pudiendo sobre reaccionar en cierto modo acaso como un histérico, temeroso, perturbado, aprensivo y llorón. Finalmente, puede llegar a ser totalmente dependiente de los demás o incluso auto destruirse masoquistamente, llenándose de odio hacia sí mismo y de hostilidad hacia los demás, consumiendo drogas o alcohol e incluso suicidándose.

28.13-Ficha Básica del Eneatipo 9

Pasión: la pereza, acidia.

Centro: instintivo.

Fijación: indolencia.

Visión de sí mismo: «yo en paz».

Estructura de temor (lo que evita): conflicto.

Estructura de deseo: sentirse en paz. Degenera en una terca negligencia.

Trampa o justificación: tranquilidad.

Calificativos: El Mediador. El Sanador. El Optimista. El Pacificador. El Reconciliador. El Utópico. El Consolador. El Nadie Especial.

Hábito: cómodos y relajados. Cuerpo de pera, aspecto lento, confortable, hogareño, desaliñado. Cuerpo ancho, manos grandes, mirada tranquila. Suele mostrarse más animado en su semblante que en el resto del cuerpo.

Parte del cuerpo predominante: las extremidades.

Famosos: Ingrid Berman. Bridget Jones (personaje literario). Dalai Lama. Nelson Mandela. Winston Chrichill. John Goodman. Sancho Panza. Hurley (de la serie «Lost»), Marge Simpson (de la serie «Los Simpson»).

28.14-Ringo Starr Como Eneatipo 9 del Eneagrama

Richard Starkey nació el 7 de Julio de 1940 en Liverpool, en el seno de una familia trabajadora. A los tres años de edad sus padres se separaron, quedando al cuidado de su madre.

Hospitalizado a los seis años durante más de dos años a causa de una peritonitis, contrajo pleuresía a los trece años, permaneciendo ingresado hasta 1955. Cuando salió del hospital apenas sabía leer y escribir, y no terminó sus estudios. Ringo aprendió a tocar el tambor durante su estancia en el hospital, gracias a las clases que se impartían. Su madre se casó de nuevo y su padrastro le compró su primera batería, de segunda mano.

A principios de los años 60 tocaba en Rory Storm and the Hurricanes, la banda más popular de Liverpool, cambiando su nombre por el de Ringo Starr, aduciendo que era nombre de perro, y los perros le agradaban.

Durante el verano de 1960 conoce a los Beatles en el club Kaiserkeller de Hamburgo, sustituyendo al batería Pete Best en varias ocasiones. Dos años después y por decisión de George Martin, es invitado a unirse al grupo. Por entonces, Ringo era una estrella en Liverpool, tocando y cantando con su propio espectáculo en una de las bandas más importantes de Gran Bretaña. A partir de entonces, su popularidad dio un nuevo enfoque en la forma de ver la batería, participando en todos los aspectos de la composición e imprimiendo un estilo personal que identificaba las canciones.

En 1965 contrajo matrimonio con Maureen Cox, con quien tuvo tres hijos, divorciándose en 1975.

Durante su estancia en The Beatles, Ringo Starr fue un batería muy hábil y formal. A lo largo de ocho años de sesiones hubo menos de una docena de ocasiones en las que se interrumpiera la grabación de algún tema por un error suyo, siendo reconocido por John Lennon, Paul McCartney y George Harrison como el mejor batería del mundo. Sin embargo, los fuertes egos de sus compañeros lograron hacer mella en él, que fue sustituido por McCartney durante la grabación del Álbum Blanco en los temas Back in the U.S.S.R. y Dear Prudence, tras su salida a causa de las tensiones entre los miembros del grupo y por el tiempo que pasaba extraviado en el estudio, entretanto sus compañeros componían temas y él no era requerido para tocar. Pasó dos semanas con el actor Peter Sellers en su yate, donde escribió Octopus Garden. Lennon le envió telegramas y Harrison llenó el estudio de flores. Un día después del último concierto ofrecido por The Beatles en la azotea de Apple Studios, McCartney mandó una postal a Ringo, diciendo: «tú eres el mejor batería del mundo, de verdad».

Ringo cantó al menos una canción por álbum, en un intento de plasmar las voces de los cuatro miembros del grupo en cada disco. En algunos casos, Lennon o McCartney escribían las letras y la melodía para él, como en Good Night o Yellow Submarine. Tras la separación de The Beatles, Ringo grabó quince álbumes de estudio, interviniendo en películas como Candy, Magic Christian, Blindman, That´ll Be The Day y Caveman, donde conoció a Bárbara Bach, con la que casó en 1982.

Phil Collins dijo de él: «Ringo Starr es un batería muy menospreciado. "A Day in the Life" incluye pasajes muy complejos. Puedes contratar a un buen batería y decirle: "quiero que lo toques como tal", y no sabrá cómo hacerlo».

29-Qué Evitan y Qué Idealizan los Eneatipos

Eneatipo uno: evita tener rabia. Idealiza ser correcto.
Eneatipo dos: evita tener necesidades. Idealiza ser servicial.
Eneatipo tres: evita el fracaso. Idealiza ser exitoso.
Eneatipo cuatro: evita ser común y corriente. Idealiza ser auténtico.
Eneatipo cinco: evita el vacío. Idealiza ser perceptivo.
Eneatipo seis: evita salirse de la norma. Idealiza ser leal.
Eneatipo siete: evita el dolor. Idealiza estar siempre bien.
Eneatipo ocho: evita la debilidad. Idealiza ser fuerte.
Eneatipo nueve: evita el conflicto. Idealiza ser armonioso.

30-Qué nos Aporta Cada Eneatipo

Eneatipo uno: verdad, justicia y perfección.
Eneatipo dos: ayuda, generosidad y empatía.
Eneatipo tres: energía, eficacia y superación.
Eneatipo cuatro: profundidad emocional, autenticidad y creatividad.
Eneatipo cinco: sabiduría, objetividad y concentración.
Eneatipo seis: solidaridad, lealtad y responsabilidad.
Eneatipo siete: optimismo, entusiasmo y sinapsis.
Eneatipo ocho: fuerza, liderazgo y protección.
Eneatipo nueve: tranquilidad, mediación e integración.

31-Cómo Relacionarse Para Obtener lo Mejor de Cada Eneatipo

Eneatipo uno:

Valora su rectitud.
El orden es fundamental para él. No aceptará que actúes porque sí, o que cambies sin razonárselo el modo habitual de hacer las cosas. Muéstrate cortés y educado. No le lances puyas ni ironías, inicialmente no reaccionará, pero tomará nota de todo y, en su momento, te lo reprochará. Sigue las normas acordadas y actúa con procedimiento. Reconoce tus errores con sinceridad. Cumple las reglas. En lugar de discrepar frontalmente, facilítale la conexión con su eneatipo siete, proponiéndole que imagine: «¿qué ocurriría si en lugar de esto, hiciéramos lo otro?». Cuando te sientas perseguido, recuerda que su intención es ayudarte. En lugar de criticarle, pídele permiso para hacerle una sugerencia. El eneatipo

uno tolera muy mal las críticas, pero le gusta dar permiso. Explica tus posturas, haciendo referencia a nuevas normativas o a aspectos de la regla tradicional, que no está teniendo en cuenta. Las explicaciones del tipo, «porque me apetece hacerlo así» o «porque me gusta», le resultan inadmisibles. «Porque así he aprendido a hacerlo» o «porque así es como se hace», le resultan mucho más digeribles.

Eneatipo dos:

Dale cariño y cuídale sin que lo parezca.
Muéstrate generoso en darle tu reconocimiento, aprobación y cariño. No lo pide, pero lo necesita. El aplauso sincero es alimento para una persona con eneatipo dos, y se volverá vengativo si nota que no quieres darle la aprobación que merece. Si no agradeces lo que hace, estás perdido. No le humilles ni le avergüences, envuelve tus críticas en gruesas capas de alabanzas. Expresa tus necesidades con tranquilidad, sin quejas: te ayudará y sabrá quizá mejor que tú lo que necesitas. Ve a lo personal, deja que te conozca. Presionarlo es jugar con fuego, porque, aunque no lo aparente, le gusta el poder y no le gusta someterse. No intentes demostrarle que te necesita o que le estás ayudando: no acepta bien recibir la generosidad o la compasión de los demás, pero le encanta que le devuelvas los favores. Permítele dedicarse al cuidado de los demás, pues es así como recarga las pilas.

Eneatipo tres:

Se eficaz y no busques su aprobación.

Concierta una entrevista si quieres hablar con él, y ve al grano. Es una persona ocupada, no le obligues a perder el tiempo. Lleva muy bien pensado lo que quieres decir, o mejor aun, preséntale un esquema y argumenta con datos. Recalca los resultados esperados y los puntos de acción. No le frenes una vez que pone la directa, sigue adelante con el programa y no seas una rémora. Haz lo que dijiste que ibas a hacer, tiene que saber que estás comprometido con él. Lo que más le gusta es la acción eficaz. Si tú no sacas adelante lo que te correspondía, sufrirás las consecuencias. Dile sin economizar todo lo que objetivamente está haciendo bien y alaba aquello en lo que destaca. Un eneatipo tres trabaja para obtener reconocimiento. No le gustan las expectativas difusas ni las misiones que se alargan sin resultados visibles: le gusta obtener resultados. No compitas con él, colabora con él (a no ser que seas de la competencia, en ese caso, lucha para obtener una ventaja competitiva). No esperes que te dé palmaditas sobre los hombros por haber trabajado bien, pues espera que así lo hagas.

Eneatipo cuatro:

Admira su capacidad estética.
Les gustan los procesos, no las metas rígidas. Para conseguir la información que precisas, dile: «cuéntamelo» en lugar de «remítete a los datos». No conseguirás nada poniéndole una «zanahoria» para que cambie de parecer: las bonificaciones y los premios por desempeño le dejan indiferente. Respeta su penetración y profundidad. A un cuatro le gusta sentirse especial y que se le valore su singularidad. Si quieres que trabaje bien, hazle ver lo que de especial tiene su contribución al proyecto. No quites importancia a sus sentimientos. No le pidas que «alegre esa cara» o que vea el lado bueno: se encerrará aún más en sí mismo. No des por hecho que sabes lo que precisa: acepta el misterio. Si le pides que no sea tan intenso, pensará que le estás pidiendo que no sea honrado. Es preferible pedirle que amplíe su visión, ofreciéndole más información. Exprésale lo que ves de creativo en sus sugerencias. Deja claro tus compromisos y cúmplelos: el eneatipo cuatro tiene tendencia a sentirse abandonado. Deja que intente hacer bonitas las cosas.

Eneatipo cinco:

Déjale apartarse, pero no le excluyas.
Dale información reservada, le encanta tener una visión amplia, detallada y relevante de las cosas. No le gustan las reuniones y las deliberaciones: prefiere los informes y que le convoques para pedirle información, pero no le hagas discutir con sus colegas o que acabe imponiéndose: no le gusta pelear. No le digas cómo debería ser o comportarse, no soporta las intromisiones en su vida, ni aunque sean bienintencionadas. No llenes de parloteos la conversación: necesita silencio para pensar y cree que quien no calla, no piensa. Necesita intimidad, pues ésta le proporciona silencio. Si vas a hablar con él, apaga el teléfono y no te distraigas con cosas del exterior: concentra tu atención en la conversación. No le hables de tus sentimientos, ni le pidas que exprese los suyos. No esperes que tus grandes ideas sean recibidas con

fuegos de artificio, ni las presentes con vehemencia: sólo conseguirás su indiferencia. Exprésalas con mesura y desapego y se implicará. Al eneatipo cinco le gusta anticiparse a los cambios, así que avísale de tus planes para que pueda adaptarse. Dile que vas a decirle algo, díselo y luego dile qué le has dicho.

Eneatipo seis:

Ayúdale a confiar.
No pretendas ganarte su confianza inmediatamente, es imposible. No exageres: limítate a exponer las cosas tal como son. El eneatipo seis tiene mucho miedo a que le estafen. Deja claras tus lealtades: en su mundo solo hay dos tipos de personas: nosotros y ellos. Desvela tus intereses personales: a un eneatipo seis le gusta saber cuáles son tus intenciones, al dirigirte a él. Sazona lo positivo con lo negativo. El entusiasmo sin límite le asusta. Cuidado con las alabanzas, se preguntará por qué quieres adularle. No quites importancia a sus miedos, ni le digas: «no te preocupes»: el eneatipo seis desconfía de quien pretende tranquilizarle. Es mejor decirle: «comprendo que te preocupes por eso. ¿Cómo podemos hacerle frente?». Reafirma la realidad: frente a sus dudas, recuérdale detalladamente cómo han llegado hasta aquí, repíteles los acuerdos que están sobre la mesa, la naturaleza de los riesgos y las motivaciones de los artífices principales. Hazle saber con sinceridad tus dificultades o problemas: siempre estará dispuesto a ayudarte.

Eneatipo siete:

Ponle límites con simpatía.
No te dejes envolver por su palabrería, date cuenta de que casi siempre habla de posibilidades, no de compromisos. Acepta que sueñe y aprovecha lo que puede ser interesante y viable de aplicar: luego, encárgale que ponga manos a la obra. No le cortes la fantasía: le bloquearás. Hazle muchas preguntas, al eneatipo siete le encanta imaginar amplias posibilidades. Asiéntale, marcándole plazos y límites claros, para que se sienta presionado por el tiempo: entonces es cuando rinde. Pero no te vuelvas duro y autoritario, le espantarás: llega a establecer acuerdos y ayúdale a cumplirlos. Exponle tus problemas: donde tú ves una dificultad, ellos ven una oportunidad. Déjale claro sus deberes y sus consecuencias.

Eneatipo ocho:

Da la cara y cuenta con él.
El enatipo ocho desprecia a quien le rehuye. Hazle frente para decirle tu verdad, no para provocarle, porque entonces te pulverizará. Habla claro, sin rodeos. No lloriquees: quiere resultados, y si no se han conseguido, dilo claramente. Respétale: él quiere sentirse importante y notar que se reconoce su autoridad. No le digas que no puede hacer algo: lo hará y lo depositará sobre tu cabeza. Habla en términos de blanco o negro: un eneatipo ocho no entiende ambigüedades, ideas filosóficas y sutilezas. No discutas para ceder: tu sí debe ser sí y tu no debe ser no (si quieres que te respete, claro). Dile de forma directa cuando te está fastidiando, en lugar de callar: los silencios significativos le molestan mucho. Es mejor hablar las cosas y quitárselas de en medio. Si es tu subordinado, ponle límites claros y recuérdaselos cada vez que quiera derribarlos. Lo intentará muchas veces, así es el eneatipo ocho.

Eneatipo nueve:

No le des órdenes, pídele ayuda.
Confirma siempre que está de acuerdo en hacer algo. No confundas su silencio con su asentimiento. Un eneatipo nueve se muestra afable, pero, al igual que al ocho, le gusta mandar y que se reconozca su autoridad. Si se muestra humilde, es para que tú también lo seas. Si tu jefe es una persona con eneatipo nueve, asegúrate que tiene bien claro lo que espera de ti para que no se lleve sorpresas, no permitas acuerdos difusos. Cuenta con su opinión: le gusta darla y se implica mejor con el logro de objetivos. Dedícale atención y encárgale misiones concretas. Eso le motiva. Cuenta con él y hazle saber que lo que hace es importante, y que le necesitas.

32-Frases Para Cada Eneatipo

32.1-Eneatipo 1

«No existe nada bueno ni malo; es el pensamiento humano el que lo hace aparecer así». Henry David Thoreau

«Conviene matar el error, pero salvar a los que van errados». San Agustín

«Dios lleva a los hombres a las aguas más profundas, no para ahogarlos sino para limpiarlos». Aughey

«El progreso debe ser un movimiento ordenado y racional hacia una meta fija... y no un torbellino de direcciones falsas y encontradas». Marco Fidel Suárez

«El que se ruboriza ya es culpable; la verdadera inocencia no siente vergüenza por nada». Rousseau

«El sentido moral nos indica hasta dónde llegan las concepciones permitidas y dónde empieza la licencia prohibida». Yoritomo Tashi

«El valor consiste en buscar la verdad y decirla». Juárez

«La anarquía está en todas partes cuando la responsabilidad no está en ninguna». Gustavo Le Bon

«La acción une a los hombres. Las ideologías suelen separarlos». Vicente Ferrer

«En esta vida no hay ninguna persona, cosa o acontecimiento que sea inútil. Si yo fuese el amo del Banco Mundial cambiaría pronto las cosas; yo atracaría un banco, pero no puedo, todavía tengo un poco de entendimiento». Vicente Ferrer

«La pobreza no está solo para entenderla sino también para solucionarla». Vicente Ferrer

32.2-Eneatipo 2

«Amamos siempre a los que nos admiran, pero no siempre a los que admiramos». La Rochefoucauld

«Ayudar al que lo necesita no sólo es parte del deber, sino de la felicidad». José Marti

«Cierra los ojos y verás». Joseph Joubert

«El amor es intensidad y por esto es una distensión del tiempo: estira los minutos y los alarga como siglos». Octavio Paz

«El orgullo divide a los hombres, la humildad los une». Sócrates

«El principio más profundo del carácter humano es el anhelo de ser apreciado». William James

«Es mucho más importante que te conozcas a ti mismo que darte a conocer a los demás». Séneca

«Vivo por mis hijos, estaría perdida sin ellos». Lady Di.

«Para hacer que una lámpara esté siempre encendida, no debemos dejar de ponerle aceite». Madre Teresa

«La envidia es una declaración de inferioridad». Napoleón

«Sólo hay dos palancas que muevan a los hombres: el miedo y el interés». Napoleón

«Cuando quiero que un asunto no se resuelva lo encomiendo a un comité». Napoleón

«Me siento solo». Elvis Presley

«Los cantantes van y vienen, pero si eres un buen actor puedes durar mucho tiempo». Elvis Presley

«Juntos haremos este mundo más feliz». Xuxa

32.3-Eneatipo 3

«Mentimos lo menos posible solamente cuando mentimos lo menos posible, no cuando tenemos poquísimas oportunidades».
Franz Kafka

«La cuestión de que exista solamente el mundo del espíritu nos niega la esperanza, pero nos da la certeza». Franz Kafka

«El dinero no da la felicidad, pero procura una sensación tan parecida, que necesita un especialista muy avanzado para verificar la diferencia». Oscar Wilde

«En política lo importante no es tener razón, sino que se la den a uno». Konrad Adenauer

«Los negocios son mi forma de hacer arte». Donald Trump

«Cuando aspiras a alcanzar el puesto más alto, recuerda que es honorable la segunda, o tercera posición». Cicerón

«La magia era muy fácil para mí cuando era un niño. Cuando tenía ocho años de edad empecé a hacerlo, y para cuando tenía doce años ya publicaba en libros de magia». David Copperfield

«Descubrí algo asombroso, que ha causado mucha controversia: la fuente de la juventud. ¡Tengo que mantenerlo en secreto!».
David Copperfield

«No prestes atención a los que digan que algo no se puede hacer». Arnold Schwarzenegger

«Me gusta escuchar que "nadie lo ha hecho antes" porque entonces pienso en que si lo logro significa que seré el primero en realizarlo». Arnold Schwarzenegger

«Yo no trabajo para ser ordinario». Paul McCartney

«La tristeza no es tristeza, es la felicidad en una chamarra de color negro. Las lágrimas no son lágrimas, son bolas de risas bañadas en sal. La muerte no es la muerte, es la vida que se saltó de un acantilado de altura». Paul McCartney

32.4-Eneatipo 4

«Qué feliz era yo cuando era una infeliz». Marquesa de Sevigne

«El que no ha sufrido no sabe nada; no conoce ni el bien ni el mal; ni conoce a los hombres ni se conoce a sí mismo». Fenelón

«Se puede robar todo a un hombre, excepto su estilo. El estilo es inviolable». Ernest Hello

«No hay nostalgia peor que añorar lo que nunca jamás existió». Joaquín Sabina

«Soy muy mal novio, un pésimo amante y peor marido. Pero un estupendo amigo». Joaquín Sabina

«En el escenario le hago el amor a 25.000 personas diferentes. Luego me voy sola a casa». Janis Joplin

«Al ser intelectual se crean un montón de preguntas y ninguna respuesta». Janis Joplin

«¿Sabes la razón por la cual se piensa que sólo las personas de color tienen alma? Porque los blancos no se permiten sentir con el alma». Janis Joplin

«Tienes que hacerlo mientras puedas. . .». Janis Joplin

«Yo no saldré allí afuera, tú tendrás que entrar en mí». Jim Morrison

«El amor no puede salvarte de tu propio destino». Jim Morrison

«Moriré un lunes, el día más aburrido, pero no quiero cruces ni llantos. Que dejen descansar a la Vargas». Chavela Vargas

«El genio se compone del dos por ciento de talento y del noventa y ocho por ciento de perseverante aplicación». Beethoven

«La música constituye una revelación más alta que ninguna filosofía». Beethoven

32.5-Eneatipo 5

«Una jaula fue en busca de un pájaro». Franz Kafka

«Hay dos cosas infinitas: el Universo y la estupidez humana. Y del Universo no estoy seguro». Albert Einstein

«El sabio no dice todo lo que piensa, pero siempre piensa todo lo que dice». Marcel Proust

«Pensar es el trabajo más difícil que existe. Quizá esa sea la razón por la que haya pocas personas que lo practiquen». Sir Francis Bacon

«No basta saber, se debe también aplicar. No es suficiente querer, se debe también hacer». Johann Kaspar Lavater

«Un idiota es un idiota. Dos idiotas, son dos idiotas. Diez mil idiotas son un partido político». Franz Kafka

«¡Cómo pretendes que otro guarde tu secreto si tú mismo, al confiárselo, no los has sabido guardar!». La Rochefoucauld

«El que aprende y aprende y no practica lo que sabe, es como el que ara y ara y no siembra». Platón

«El que confió sus secretos a otro, hízose esclavo de él». Baltasar Gracián

«Fui al médico y adivina qué me dijo, adivina qué me dijo. Me dijo: chica, es mejor que intentes pasarlo bien, no importa lo que hagas». Sinead O'Connor

«Las personas que expresan sentimientos suicidas son menos propensos a actuar en consecuencia». Sinead O'Connor

«Voy a hacer discos religiosos el resto de mi vida». Sinead O'Connor

«En lo que a mí respecta, estoy ahora en el negocio de hacer registros espirituales y de usar mi voz para ese propósito». Sinead O'Connor

rafaelmoriel.com

32.6-Eneatipo 6

«La guerra es miedo enmascarado de valentía».
General William Westmoreland

«El miedo es una reacción y el coraje una decisión».
Winston Churchill

«A los que corren en un laberinto, su misma velocidad los confunde». Séneca

«El hombre más peligroso es aquel que tiene miedo».
Ludwing Borne

«El que no está conmigo está en mi contra». San Mateo

«Está a salvo de cualquier peligro aquel que, aún estando seguro, se mantiene en guardia». Syro

«No es que tenga miedo de morirme. Es tan sólo que no quiero estar allí cuando suceda». Woody Allen

«El cerebro es mi segundo órgano favorito». Woody Allen

«El miedo es mi compañero más fiel, jamás me ha engañado para irse con otro». Woody Allen

«La amistad te impide resbalar al abismo».
Bruce Springsteen

«Tengo la sensación de que la noche en que miras a tu público y no te ves a ti mismo, y la noche en que el público te mira y no se ve reflejado en ti, significa que todo ha terminado».
Bruce Springsteen

«Actuar me resulta menos tentador que los desafíos que me genera en este momento mi vida personal». Julia Roberts

32.7-Eneatipo 7

«El sabio puede sentarse en un hormiguero, pero sólo el necio se queda sentado en él». Isaac Newton

«La felicidad radica en el propósito de ser feliz». Anónimo

«Además de perdonar a tus enemigos, ríete de ellos. La risa es el gran antídoto contra los venenos del espíritu». Angel Osorio

«La alegría es de uno; el placer, de las cosas». Piterbarg

«La alegría es la piedra filosofal que todo lo convierte en oro». Franklin

«Hay dos caminos; uno es la vida y otro es la muerte, y si vives en la muerte, entonces debes estar muerto. Y si vives en la vida, entonces debes vivir. El camino que tu corazón decide, hace que vivas». Bob Marley

«Me hubiera gustado ponerle de nombre a una de mis hijas MaryJuana». Bob Marley

«Si te contara todo lo que hago con tu querido retrato te reirías. Por ejemplo, cuando lo saco de su calabozo, le digo: ¡buen día, tesoro! Buen día, buen día; mocosa, pícara, nariz de punta, chichecito». Mozart

«Lo más necesario, difícil y principal en la música, es el tiempo». Mozart

«A mi perro Pimperl déle usted una porción de tabaco español, un buen pan y tres besitos». Mozart

«No te prometo que lo intentaré, pero intentaré intentarlo». Burt Simpson

«Maestra, si uno es muy bueno, pero tiene una tremenda pelea y contrae gangrena en la pierna y tienen que amputarla, ¿la pierna espera en el cielo?». Burt Simpson

«¿Besarte? ¡Papá, sólo soy tu hijo!». Burt Simpson

32.8-Eneatipo 8

«El destino baraja las cartas, nosotros las jugamos». José Stalin

«El fuerte determina los acontecimientos; el débil sufre lo que el destino le impone». Vigny

«Los cobardes agonizan muchas veces antes de morir... Los valientes ni se enteran de su muerte». Julio César

«Lo hacemos o nos morimos». Burns

«Son más efectivas las balas certeras que los discursos agudos». Bismarck

«A veces soy dos personas. Johnny es la buena. Cash causa de todos los problemas. Luchan».
Johnny Cash

«Todo acto de creación es en primer lugar un acto de destrucción». Pablo Picasso

«La música rock la hacen deficientes que cantan letras maliciosas, lascivas. Es la forma de expresión más brutal, nauseabunda, desesperada y viciosa que he tenido la desgracia de escuchar». Frank Sinatra

«Básicamente, estoy para cualquier cosa que te haga pasar la noche. Ya sea la oración, los tranquilizantes o una botella de Jack Daniels». Frank Sinatra

«Sólo deseo que alguien trate de hacerte daño, así podría matarle por ti». Frank Sinatra

«En la tele no hay música. Todo lo que sale es una especie de travesti de la música. Si tuviese que mandar un mensaje a todos los oyentes de música en televisión, les diría: ¡Imbéciles!».
Jorge Martínez

32.9-Eneatipo 9

«Si el mundo se opone, debes ponerte del lado del mundo».
Franz Kafka

«Fue necesaria la intercesión de la serpiente: el mal puede dominar al hombre, pero no hacerse hombre». Franz Kafka

«Si quieres ser sabio, aprende a interrogar razonablemente, a escuchar con atención, a responder serenamente y a callar cuando no tengas nada que decir». Aristóteles

«Procura colaborar con el mundo en la lucha entre tú y el mundo».
Franz Kafka

«Ayuda a tus semejantes a levantar su carga, pero no te consideres obligado a llevársela». Pitágoras

«Si asumimos una actitud de humildad, crecerán nuestras cualidades». Dalai Lama

«Para crear una paz interior, lo más importante es la práctica de la compasión y el amor, la compresión y el respeto por los seres humanos. Los más poderosos obstáculos para ello son la ira y el odio, el temor y el recelo. De modo que mientras la gente habla de desarme en el mundo entero, cierto tipo de desarme interno es prioritario» Dalai Lama

«La vida siempre te da dos opciones: la cómoda y la difícil. Cuando dudes elige siempre la difícil, porque así siempre estarás seguro de que no ha sido la comodidad la que ha elegido por ti».
Adolfo Suárez

«Un político no puede ser un hombre frío. Su primera obligación es no convertirse en un autómata. Tiene que recordar que cada una de sus decisiones afecta a seres humanos. A unos beneficia y a otros perjudica. Y debe recordar siempre a los perjudicados».
Adolfo Suárez

«Aquí Bridget Jones, diosa del sexo salvaje y con un hombre muy malo entre las piernas... ¡Ah, mamá!». Bridget Jones

rafaelmoriel.com

Otros libros del mismo autor, disponibles en la tienda de Amazon, y en https://rafaelmoriel.com

La demencia de mamá:

Edurne es una sexagenaria que padece insomnio y agitación nocturna, lo cual afecta al día a día con su marido. Tras acudir al psiquiatra y ponerse en tratamiento, su trastorno evoluciona hasta la **demencia**. Paulatinamente, Edurne pierde sus facultades físicas y mentales, haciéndose dependiente. Su marido y sus cuatro hijos se vuelcan en cuidarla, sacando lo mejor y lo peor de cada cual.

«La demencia de mamá» es una novela dramática en torno a la demencia que incapacita a su protagonista, deteriorando las relaciones familiares hasta destruirlas.

«**La demencia de mamá**» analiza las diferentes etapas por las que atraviesa una enfermedad compatible con la **demencia por cuerpos de Lewy**, el segundo tipo de demencia más habitual, después del **Alzheimer**. Y lo hace hasta las últimas consecuencias, y el fatal desenlace. Asimismo, es un **manual de posibilidades** y formas de abordar la enfermedad, incluyendo la mala praxis médica y otros errores posibles: evolución, tratamientos, residencias geriátricas, etc.

«**La demencia de mamá**» es una cronología de lo acontecido y experimentado por los miembros de la familia Eguíluz frente a la enfermedad de Edurne, con sus puntos de vista y el correspondiente papel que cada cual juega, o le dejan jugar, en la jerarquía familiar.

Aceitunas, sexo y rock and roll:

Una novela dramática, con una puerta abierta a la imaginación. **Charly** atraviesa una mala racha de trabajo, que viene alargándose durante años. Acostumbrado a trabajar como subcontratado, no cesa en su empeño por lograr un *empleo digno*, sin llegar a conseguirlo. En su particular visión del mundo, que comparte junto a su pareja **Pepi**, la imaginación y la fantasía son mucho mejores que la dolorosa realidad. Alrededor de su mascota **Lola**, **Charly** y **Pepi** frecuentan una realidad alternativa y más favorable, donde todo lo que no tiene importancia adquiere la relevancia que ellos quieran otorgarle.

Tras cambiar de empleo, **Charly** comprueba que su nuevo trabajo no resulta como cabía esperar, viéndose involucrado en una serie de situaciones inesperadas, ante las cuales no le queda otro remedio que *aguantar el tipo*.

«Aceitunas, Sexo y Rock and Roll» es una narración dramática con una puerta abierta a la imaginación, que finalmente resuelve el conflicto. Una mezcla entre realidad y fantasía.

Relatos para la imaginación:

Si te gustan los relatos cortos, éste es tu libro.
«Relatos Para la Imaginación» es un libro de relatos maduros que no deja impasible al lector. Las narraciones acontecen en la **ficción**, con una ironía y un desencanto que en ningún caso pasan desapercibidos.
Bajo un estilo onírico y romántico, cínico y descarnado, el lector puede adivinar infinidad de mensajes entre líneas, capaces de proyectar su propia vida a través de diversas tramas.

Accidente en la fábrica de chorizos:

Un libro de relatos que no te dejará impasible, al estilo de los grandes autores literarios.
«Accidente en la Fábrica de Chorizos» es, ante todo, un libro atrevido. Compuesto por una serie de **relatos cortos**, la **originalidad** y la **imaginación** guían al lector a través de diversas tramas que, de súbito, pueden dar un giro inesperado y sorprendente.
La introspección de un niño ensimismado, dotado del juicio y el razonamiento propios de un adulto inteligente o las reflexiones de un peluquero charlatán de barrio, ponen de manifiesto el abismo existente entre lo que habitualmente pensamos y lo que realmente decimos. Imaginación, sorna e ironía.

Cartas a mi amiga muerta:

Un libro de cartas entrañables, escritas en un lenguaje cercano e íntimo.
Escrito en 2005, **Cartas a mi Amiga Muerta** es un libro sincero, compuesto por 69 cartas íntimas dirigidas a alguien que decidió poner fin a su vida, el último día de 2004.
Cartas a mi Amiga Muerta supone una profunda reflexión acerca del mundo en el que vivimos; el suicidio inicia la reflexión de la inexistencia tras la muerte, recorriendo otras sensibilidades como el amor y el desamor, la soledad, el desempleo y la falta de oportunidades, los nacionalismos, el fenómeno de la inmigración, la política, el consumismo y la globalización, etc., desde una perspectiva sensible. Un libro intimista, frágil y ensimismado.
Cartas a mi Amiga Muerta nace de una carta inicial que el autor no pudo entregar a su amiga, tras un primer intento de suicidio. La serie de cartas cronológicas conforman un excelente resumen del año 2005, adivinando la actual crisis de nuestros días y el principio del fin del sistema capitalista.
Una obra en la que resulta fácil entrever a su autor.

Poemas desde la contemplación:

Amor, vida y muerte conforman estos 30 **Poemas desde la Contemplación**, con la expresividad, la ternura y la calma que otorga el reglón partido y la madurez de los años vividos.

Más allá de una colección de poemas, **Poemas desde la Contemplación** es un ejercicio ensimismado, una prueba de amor desde la fragilidad.

En el terreno personal, **Poemas desde la Contemplación** es un libro de poemas escritos con mucho amor.

Poemas del amor loco:

Colección de poemas con una trama trágica y demencial.

La historia de este **«Amor loco»** está compuesta por una sucesión de poemas cronológicos, extraídos de los poemarios inéditos **«Poemas de tirón o porque sí»** y **«40 poemas de Verdad»**, escritos entre 2000 y 2003.

Poemas del Amor Loco es un libro maldito. Una oda al amor verdadero con la persona equivocada. Un guión dramático entre una víctima y su salvador. Y un libro de engaños, verdades incumplidas y amores perniciosos.

«Creí que el amor más puro surgiría desde el dolor de dos almas lastimadas que se encuentran, sin tener en cuenta que la otra persona no sentía como yo, y ni siquiera tenía las mismas intenciones. Ahora ya sé que no soy el único. Ya no persigo amores locos, y mi vida no tiene nada que ver con aquello».

Este libro digital ha sido maquetado en Vitoria-Gasteiz, en agosto

de 2013 /enero 2026

Puedes encontrar más libros de Rafael Moriel en la web:

https://www.rafaelmoriel.com

Blog del autor (Con los pies en el techo):
https://rafaelmoriel.blogspot.com

Web del autor:
https://rafaelmoriel.com

Correo electrónico de contacto con el autor:
estoyencasita@gmail.com